广西一流学科（培育）建设项目（桂教科研［2018］12 号）：
百色学院马克思主义理论一流学科（培育）资助

工作特征对员工建言行为影响研究

高超民　著

中国财富出版社有限公司

图书在版编目（CIP）数据

工作特征对员工建言行为影响研究／高超民著．—北京：中国财富出版社有限公司，2020.6

ISBN 978－7－5047－7174－2

Ⅰ．①工…　Ⅱ．①高…　Ⅲ．①企业管理—人事管理—研究　Ⅳ．①F272.92

中国版本图书馆 CIP 数据核字（2020）第 103822 号

策划编辑　李彩琴　　**责任编辑**　戴海林　孟　婷

责任印制　尚立业　　**责任校对**　孙丽丽　　**责任发行**　杨　江

出版发行	中国财富出版社有限公司		
社　　址	北京市丰台区南四环西路 188 号 5 区 20 楼	**邮政编码**	100070
电　　话	010－52227588 转 2098（发行部）		010－52227588 转 321（总编室）
	010－52227588 转 100（读者服务部）		010－52227588 转 305（质检部）
网　　址	http：//www.cfpress.com.cn	**排　　版**	宝蕾元
经　　销	新华书店	**印　　刷**	北京九州迅驰传媒文化有限公司
书　　号	ISBN 978－7－5047－7174－2/F・3164		
开　　本	710mm×1000mm　1/16	**版　　次**	2020 年 6 月第 1 版
印　　张	9.75	**印　　次**	2020 年 6 月第 1 次印刷
字　　数	145 千字	**定　　价**	56.00 元

目　录

1 绪论

1.1 研究背景

近几年来，移动互联网的迅猛发展，改变了人们获取信息的方式和速度，一方面个体存储的知识显得越发有限，另一方面信息的封闭变得越加困难，企业习惯依赖信息不对称和知识优势的管理方式遇到了越来越大的挑战。从建言的角度来看，不管是抑制性建言还是促进性建言（梁建、樊景立，2008），建言的前提条件都是员工对事件的判断优于管理者，显然移动互联网的发展提升了员工的建言能力，不管是依据EVL模型［Hirschman（赫希曼），1970］还是EVLN模型［Farrell、Rusbult（法雷尔、鲁斯布尔特），1988］，建言渠道不畅均对企业不利。特别是近几年来，组织面临的外部环境变化加剧、新技术在管理中的应用增多等，诸多条件都要求组织要不断地变革和创新，而在此变化过程中，员工的建言对组织的发展而言变得更加重要，因此如何促进员工建言显得尤为迫切。

对于建言行为的前因变量研究，目前学者的视角主要有个体、组织、领导三个方面。其中，个体视角主要探讨了个体心理因素［Le Pine、Van Dyne（雷平、范德恩），1998；Frese、Teng et al.（弗雷塞、邓等），1999；Premeaux、Bedeian（普希茂、贝代安），2003；Fuller、Barnet、Hester et al.（富勒、巴尼特、赫斯特等），2007］、个体人口统计特点［Le Pine、Van Dyne，1998；Detert、Burris（德特尔特、伯里斯），2007；Stamper（斯坦博）、Van Dyne，2001］、个体人格特征［Le Pine、Van Dyne，2001；

Crant、Kim、Wang（克兰特、金、王），2011；Nikolaou、Vakola、Bourantas（尼古拉、瓦科拉、布朗塔斯），2008］等对于建言行为的影响；组织视角的研究则主要探索了组织公平感［段锦云、王重鸣、钟建安，2007；Morrison、Elizabeth（莫里森、伊丽莎白），2011］、组织安全感（邓今朝，2010）、组织文化［李君锐、李万明，2016；Farh、Hackett、Liang（法尔、哈克特、梁），2007］等；领导视角的研究［Detert、Burris，2007；Janssen、Van Yperen（简森、范伊佩伦），2004；周建涛、廖建桥，2012；梁建，2014］则主要从变革型、威权型、道德型、谦卑型等领导类型分类进行研究。

从管理实践角度来说，除通过改变员工个体人格特征或领导风格等进行优化外，改变工作条件亦是可以操作的。本书试图从工作设计的视角来促进员工建言。工作特征作为工作设计的核心概念，是企业管理领域较为经典的概念之一。长期以来，学者们探讨了工作特征对工作绩效［Tyagi（泰吉），1985；Oldham、Cummings（奥尔德汉姆、卡明斯），1996；Fried、Ferris（弗里德、费里斯），1987］、工作满意度［Colarelli、Dean、Konstans（科拉雷利、迪安、康斯坦斯），1987；Azzah、Rudzi（阿扎赫、鲁齐），2010］、员工身心健康［Charkhabi、Alimohammadi（查卡比、阿利莫哈马迪），2014］、工作投入［Katrinli、Atabay、Gunay、Guneri（卡特里尼、阿塔贝、古奈、古纳），2009］和组织公民行为［Krishnan et al.（克里希南等），2010］等的影响，虽然建言行为属于组织公民行为的一种，但目前尚未见有系统、具体的探讨工作特征对于员工建言行为影响的研究。

1.2 研究目标与意义

本书将以三元交互决定理论为基础，在现有工作特征、建言行为、自我效能感、组织支持感、工作投入相关研究的基础上，明晰三种效应：因果效应、中介效应和调节效应。首先，明晰工作特征对建言行为的影响，从工作特征的五个纬度以及可代表工作特征总体情况的激励潜能系数分析对员工建言行为的影响及方向；其次，明晰自我效能感在工作特征和建言行为之间的中介效应是否存在，其中工作特征使用五维度及激励潜能系数、建言行为使用总体情况和促进性建言及抑制性建言；最后，明晰组织支持感、工作投入对工作特征和自我效能感关系中的调节作用，同样，工作特征使用五维度及激励潜能系数、建言行为使用总体情况和促进性建言及抑制性建言。

理论研究方面，首先，通过识别工作特征各纬度对员工建言行为的影响方向，可以完善建言行为的前因变量研究，推动建言行为理论研究；其次，通过明晰自我效能感在工作特征对员工建言行为影响中的中介作用，有助于厘清自我效能感对建言行为影响的前因，拓展自我效能感与建言行为关系的研究范围；最后，通过检验组织支持感、工作投入在工作特征和自我效能感关系中的调节作用，明晰工作特征与自我效能感关系以及组织支持感、工作投入的多种交互效应，丰富工作特征、自我效能感、组织支持感、工作投入的相关理论研究。

实践角度，一方面，研究将为组织实践提供一种新的改善员工建言的路径，即通过改变工作的相应特征来促进员工建言；另一方面，研究将揭示组织支持感、工作投入与工作特征具体维度的交互效应，为组织综合考虑组织对员工的支持、员工的投入程度以及工作的具体特征来提升员工建言提供理论参考。

1.3 创新之处

本书的创新表现在三个方面：首先，拓展了建言行为研究的前因变量，从目前查找到建言行为的研究情况来看，未有研究将工作特征作为建言行为的前因变量进行分析的，而本研究通过明晰工作特征对建言行为的显著影响，为建言行为的研究增添了新的前因变量；其次，对工作特征测量的创新，以往的研究对工作特征多使用了五维度模型，未将工作特征的总体情况纳入分析，而本研究使用 Hackman 与 Oldham（1976）提出的激励潜能分数计算方法，将工作特征五维度运算为激励潜能分数以代表工作特征的总体情况；最后，中介变量的创新，从目前关于建言行为的研究情况来看，未有研究将自我效能感作为工作特征和建言行为关系的中介变量进行分析的，而本研究通过明晰自我效能感在工作特征和建言行为之间的中介作用，揭示了工作特征对建言行为影响的机理，拓展了建言行为相关理论研究范围。

1.4 研究设计

1.4.1 研究方法

拟采用文献法、问卷调查法和统计分析方法开展研究。首先，系统查阅工作特征、建言行为、自我效能感、组织支持感、工作投入相关的研究成果，梳理研究现状并依据本研究的目标进行归纳总结，指出现有研究的不足，并在研究现状的基础上进行理论推导，提出研究假设。其次，依据使用文献法确定的指标及量表，设计上司、下属配对问卷，先进行小范围试测，确定问卷的信度和效度并对问卷进行修正，再使用修正后的问卷开展大范围调研。最后，使用 SPSS 对问卷数据进行逐步分析：对自变量与因变量及调节变量进行共线性检验、分析人口统计学变量对结果变量的影响以确定控制变量，对主效应、中介效应、调节效应做回归分析，使用分析结果确定假设是否通过检验，以此作为确定结论的依据。

1.4.2 研究流程

本研究在确定研究问题的基础上，先对相关文献进行阅读梳理，依此提出研究假设和研究模型，再在学者提出的指标和开发的量表基础上设计调查问卷，接着对问卷进行试测并修正，然后使用配对方法收集数据并进行假设检验，最后得出研究结论。研究流程如图1-1所示。

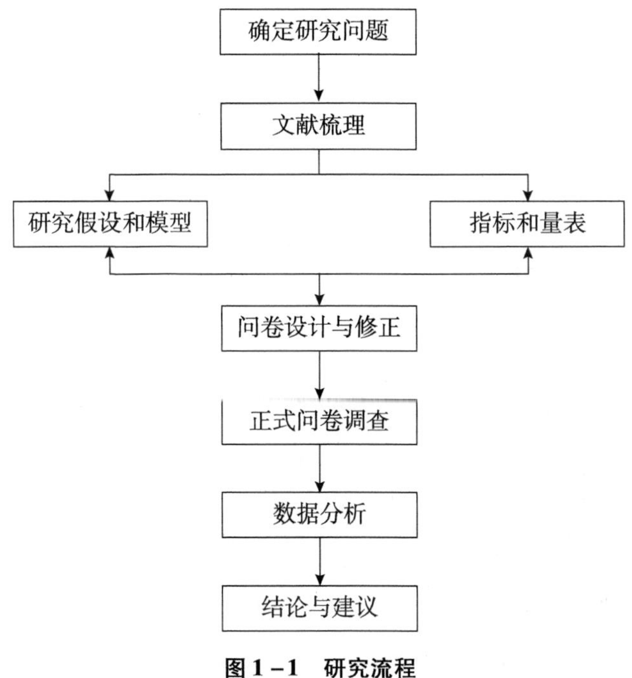

图1-1 研究流程

2 概述

2.1 工作特征

2.1.1 工作特征的概念与构成

工作特征属于工作设计的理论研究内容，而工作设计的思想最早始于泰勒（1911）倡导的科学管理。泰勒提出工作的设计应遵循生产流程的客观规律、实施科学化管理，而不能任由工人随意自发地开展劳动。具体来说，科学化管理指要注重工作专业化、系统化、简单化与标准化。1933 年梅奥等人的霍桑实验研究成果公布之后，学者对于员工的经济人假设开始转向社会人假设，对工作设计而言，人是比物更重要的因素，因此，与人相关的工作特征的研究成为热点话题，引起了学者的共同关注。工作特征理论最早是由 Hackman（哈克曼）与 Oldham（1975）提出，其工作特征五维度模型得到了广泛认可。时至今日，工作特征已成为工作设计与改进的重要内容，被认为是影响工作态度和工作行为的重要因素，相关研究成果在管理学领域得到了广泛应用。

工作特征指一项工作或任务所具有的属性或特性，广义而言，其涵盖所有与工作相关的因素，如工作的技能性、重要性、安全性、反馈性、自主性以及员工由此获得的成就感、满意度、自我实现等［Seashore、Taber（西肖尔、泰伯），1975］。对于工作特征维度的划分，学者们提出了多种解构思路。早在 1965 年，Turner（图尔纳）与 Lawrence（劳伦斯）通过一项研究提出，如果一个工作岗位同时拥有技能多样性、任务完整性、自主性和反馈性四个特点，则员工的出勤、满意度以及绩效都会比较高。Hackman 与 Lawller（劳勒）（1971）提出工作特征包含多样性、自主性、任务完整性、反馈性、处理与他人关系以及友谊机会，其中多样性、自主性、任务完整性、反馈性为工作特征的核心维度，而处理与他人关系和友谊机会为人际维度。

Hackman 与 Oldham（1975）后续对工作特征的维度又进行了补充和调整，提出了五个核心维度模型，五个核心维度分别为技能多样性、任务完整性、工作重要性、工作自主性和反馈性，另外，为了更好地对五个维度进行辅助测量，他们还增加了两个辅助维度：他人反馈性和合作性。五维度模型中，技能多样性指一项工作中要求员工需要使用多种技能以完成不同类型工作的程度；任务完整性指一项工作中要求完成任务的完整和可辨识的程度；工作重要性指工作对他人的生活或工作产生实际影响的程度，其中包括对同事、利益相关者及组织绩效的影响；工作自主性指工作者在决定何时、何地、以何种顺序完成工作等方面具有多高的自由度、独立性和自主权；反馈性指员工在完成任务的过程中，直接而明确地获得有关自己工作绩效信息的程度。Hackman 与 Oldman（1975）认为五个核心工作特征能够产生三种关键的心理状态：了解工作活动的实际结果、体验到对工作结果的责任、体验到工作本身的意义。这三种关键的心理状态会导致积极的工作绩效。

在工作特征理论模型的基础上，结合双因素理论及期望理论的内容，Hackman 与 Oldham（1976）提出了激励潜能分数（MPS）的概念，认为技能多样性（V）、任务完整性（I）、工作重要性（S）对员工的激励效果是可以互相替代的，工作自主性（A）和反馈性（F）对员工激励的效果更为显著，其具体的计算方法如式 2－1 所示：

$$MPS = \frac{V + I + S}{3} \times A \times F \qquad \text{式 2－1}$$

在众多的工作特征维度划分方法中，Hackman 与 Oldham（1975）的划分标准较为经典，也得到较广泛的认可。本研究中对于工作特征的维度划分均按照 Hackman 与 Oldham 的五维度标准。

2.1.2 工作特征模型与结果变量

为了更好地理解工作特征，学者们建立了几种不同的工作特征与结果感知模型，主要可归纳为以情景为中心和以个人为中心两类。以情景为中心的模型主要关注员工个体以外的因素，以个人为中心的模型关注员工个人的认知、习惯、需求等。

Karasek（克拉塞克，1979）提出的工作需求—控制模型被认为是以情景为中心的代表，其认为工作环境对员工的影响主要是因工作决策和压力产生的疾病，其对工作决策进行研究时，通过员工的工作控制（决定权、自主权）、工作需求以及心理压力进行考量，认为在高工作压力、低控制权以及缺乏社会支持的情况下，员工的健康问题会随之而至。Johnson、Hall（乔纳森、哈尔，1988）使用 Karaske（1979）提出的模型对工作特征进行测量，实证发现，当员工心理需求超过对工作的控制时，员工会产生工作压力，在没有社会支持的情况下会对员工健康产生负面影响。其他学者如 Warr（沃尔）更关注以个人为中心的工作特征对个体的影响。Warr（1987）在研究员工幸福感时，从原始的 26 个维度中筛选出工作特征的 9 个维度，分别为控制机会、多样性、环境清晰度、社交机会、技能使用机会、安全、社会地位、资金可利用性、环境影响产生的目标。Hackman 与 Oldham（1976）的工作特征激励模型，亦是测量工作特征对员工的影响。

包括前述相关的工作特征模型，对于工作特征的结果变量，学者们主要研究了工作绩效、工作满意度，另外有诸如员工身心健康、工作投入和组织公民行为等。

20 世纪八九十年代一些学者的研究，探讨了工作特征对工作绩效的影响，研究的结果普遍显示，根据经典工作特征模型的五维度标准来优化设计岗位工作，员工的工作绩效会得到相应的提高（Tyagi，1985；Oldham、

Cummings，1996；Fried、Ferris，1987）。随着社会的变迁，经典工作特征模型是否仍然对工作绩效有相应影响？JDeVaro、Jed、Li、Brookshire（杰德瓦罗、杰德、李、布鲁克希尔，2007）通过对一般工业、农林牧副渔、矿产、私营部门和境外组织的大规模样本调查，从雇员和雇主两个渠道收集配对数据，得到了2191套有效样本。研究结果发现，技能多样性、工作自主性与劳动生产率和产品或服务质量具有显著正相关关系，且工作自主性显著正向影响员工的满意度，同时也发现，技能多样性对工作绩效的预测作用要比对工作满意的预测作用更强。王忠、熊立国与郭欢（2014）则通过对企业233名员工的研究发现，工作特征各维度对提高员工个人的创新绩效都具有显著的正向影响，其中技能多样性和自主性正向调节员工创造力，人格对创新绩效的影响较大。

对于工作特征与工作满意度之间的关系，学者的研究得到了较为一致的结果，即工作特征各维度对工作满意度均有显著正向影响［Colarelli、Dean、Konstans，1987；Azzah、Rudzi，2010］。Spector、Jex（斯佩克特、杰克斯，1991）通过现有工作特点、岗位工作描述、行业职业描述3种不同的渠道共同确定工作特征，检验了其与工作满意度的关系，验证了相关性。Katsikea、Theodosiou、Perdikis、Kehagias（卡茨基亚、西奥多西奥、佩尔迪基斯、凯哈吉亚斯，2011）以化工、军工、橡胶、塑料、电气等多个行业的出口企业为研究对象，从英国的企业目录中随机抽取1000家企业为调查样本，检验了工作自主性、技能多样性和反馈性对销售经理的工作满意度的影响。分析发现，工作自主性、技能多样性和反馈性会对销售经理的工作满意度和组织承诺有显著正向影响。Ali、Said、Kader、Ab Latif et al.（阿里、赛义德、凯德尔、拉蒂夫等，2014）以马来西亚快餐店212名经理为研究样本，对工作特征模型和工作满意度的关系进行了研究，分析工作特征五维度分别对快餐经理工作满意度的解释程度。研究结果显示，5个核心维度均不同程度地对工作满意度具有一定影响，其中技能多样性的解释力最强，解释了工作满意度45%的方差。中国学者的相关研究同样验证了在中国文化情景下工作特征对工作满意度的影响，如刘芳与徐敏（2014）以安徽省文化产业的228名员工为样本，分析发现工作特征对职业满意度具有显著的正向影响。Hsu、Liao（许、廖，2016）以中国台湾的外国员工为对象，分析了跨文化管理情境下工作特征对工作满意度的影响，结果表明工作特征通过组织承诺的中介作用正向影响工作满意度。

有研究表明，工作特征对员工身心健康、工作投入和组织公民行为等变量也会产生积极作用。如Charkhabi、Alimohammadi（2014）以伊朗西南部的311名医院护士为研究对象，使用结构方程模型分析了工作特征各维度对护士工作满意度和身心健康的影响，研究发现工作自主性、技能多样性和工作重要性对工作满意度和身心健康均具有显著正向影响作用，且工作特征通过工作满意度的完全中介作用正向影响身心健康。Katrinli、Atabay、Gunay、Guneri（2009）通过对土耳其一家医院的148名护士进行调查，分析了工作特征五维度分别对工作投入的影响。数据结果显示，任务完整性和工作自主性解释了工作投入的大部分方差，因此认为工作自主性和任务完整性正向影响工作投入水平。杨红明与刘耀中（2012）则以中国5个省份20多家企事业单位的346名员工为调查对象，研究了工作特征五维度对员工的敬业度的影响。结果显示工作特征通过心理需求的完全中介作用正向影响员工的敬业度。

在工作特征对员工工作满意度和组织公民行为影响方面，Krishnan等（2010）以马来西亚125名公共部门的员工为调查对象进行了实证研究，数据显示，工作自主性、技能多样性和工作重要性对员工工作满意度和组织公民行为均具有显著的正向影响，且工作特征通过工作满意度的部分中介作用正向影响组织公民行为。周红云（2012）以中国10个省市政府机构中的公务员为对象，抽样调查到368份有效样本，经统计分析发现工作特征5个维度对公务员的工作满意度和组织公民行为均有显著正向影响。

粟露（2015）研究了工作特征对心理授权的影响作用，通过对中国312名企业员工的调查数据分析，发现技能多样性、任务完整性和反馈能够对心理授权的工作意义维度有显著正向影响，技能多样性、任务完整性和工作重要性则对工作影响维度均有显著正向影响，而任务完整性和工作反馈又对自主选择权维度有很好的预测作用。另外也发现，工作特征各维度对心理授权中的自我效能维度的影响均不显著。

还有学者研究了工作特征与员工创造力的关系，如王端旭与赵轶（2011）通过对236名企业员工的问卷调查研究发现，工作自主性、技能多样性对员工创造力均具有显著的正向影响。张方方（2014）分析了工作特征模型各维度对员工创造力的影响，进而提出了提高员工创造力的建议。

2.1.3 工作特征测量

与工作特征相关的测量量表，最早当属 Turner 与 Lawrence（1965）开发的必要任务属性指数（Requisite Task Attributes Index，RTX Index），该量表虽然没有被广泛应用于工作特征的测量，但为其他工作特征的量表开发奠定了基础。最早被广泛应用的工作特征量表是由 Sims、Szilagyi、Keller（西姆斯、西拉吉、凯勒，1976）开发的 JCI 量表（Job Characteristics Inventory），其在 JDS（工作诊断调查表）被开发之前有较大影响力。

Hackman 与 Oldham（1980）在前人的基础上开发出工作特征诊断原始量表短题本 JDS（Job Diagnostic Survey），包含技能多样性、任务完整性、工作重要性、工作自主性和反馈性 5 个核心维度和他人反馈性、合作性两个辅助维度，每个维度设计 3 个题项，共 21 题，其中故意设计了一些反向记分题。Harvey、Billings、Nilan（哈维、比林斯、尼兰，1985）使用 2028 名国民警卫队员为调查对象，对 JDS 进行验证，提出量表需要修正。Idaszak、Drasgow（伊达萨克、德拉斯哥，1987）对 JDS 量表进行研究，发现由于存在反向记分题，导致分析因素时出现问题，因此重新改写了这些反向计分题，形成了 JDS 的修正量表（JDS - R），新的题型均采用正向描述。整个量表包括技能多样性、任务完整性、工作重要性、工作自主性和反馈性 5 个核心维度，每个维度依然是 3 个题项，量表共包含 15 个题项。

Idaszak 与 Drasgow（1987）经过实证检验证明，与 JDS 相比而言 JDS－R 测量更为准确，可以在以后的研究中广泛使用。后续如 Buys、Olckers、Schaap（拜斯、奥尔克斯、夏普，2007）使用 677 名来自南非多个组织的被试样本对修订版的 JDS 量表进行了验证，研究结果证明了 JDS－R 在南非情景中的适用性。Charalambous、Raftopoulos、Talias（查拉兰博斯、拉夫特普罗斯、塔利亚斯，2013）以塞浦路斯 398 名肿瘤科护士为研究对象，使用截面数据，对工作特征量表在肿瘤科工作环境下的有效性进行了检验，结果显示 JDS 量表有较高的信度，工作特征五维度的构成也得到了数据支持。

除前述应用广泛的量表外，还有一些量表侧重测量工作特征的某些维度，如 Dwyer、Ganster（德怀尔、甘斯特，1991）开发的工作控制量表，Frese、Kring（克林）、Soose（索斯）等（1996）开发的控制和复杂性量表；Pearce、Gregersen（皮尔斯、格雷格森，1991）制定的工作依赖性量表。

在工作特征的诸多量表中，应用最广泛的仍然是 Idaszak 与 Drasgow（1987）完成的 JDS－R 量表，因此，本研究亦采用该量表对工作特征各维度进行测量。

2.2 建言行为

2.2.1 建言行为的概念

对建言行为的研究始于 20 世纪 70 年代，西方学术中使用 Voice Behavior 表述建言行为，中国学者将多其译为“建言”“谏言”“进言”等。本研究统一使用“建言行为”一词来表示 Voice Behavior 的概念。

对于建言行为概念的描述，大致有两种不同的倾向，多数研究关注员工的行为将其界定为员工提出建议或表达观点的行为［如 Rusbult、Farrell，1983；Withey、Cooper（威西、库珀），1989；Van Dyne、Le Pine，

1998]，少部分的研究侧重组织程序而将其视为促使员工参与决策、提升公平感的过程［Lind、Kanfer、Christopher（林德、坝弗、克里斯托弗），1990；Price、Lavelle、Henley et al.（普莱斯、拉韦尔、亨利等），2006］。本研究倾向于从关注员工行为的角度进行理解和测量。

学者对建言行为的研究，大致可分为两个脉络：一是 EVLN 模型，认为建言行为是对组织不满的应对；二是角色外行为，认为其为员工周边绩效的一种。

2.2.1.1 EVLN 模型

Hirschman 于 1970 年首次提出，认为员工之所以离职、建言是因为他们对于组织的行为不满。他认为做出建言行为是员工对于组织不满从而通过自身努力试图改善困境的一种行为。他认为员工在对组织产生不满时会表现出离职、换岗或提出言论休现忠诚，基于此他提出了 EVL（Exit - Voice - Loyalty）模型。Hirschman 认为提出言论是员工为尝试改变组织现状而主动向组织表达意见的行为，通过提出抱怨或建议来改善组织现状，而当言论不能被表达时，员工可能会从抱怨发展到激烈反抗进而退出。而 Farrell 与 Rusbult（1985）通过对 EVL 模型的研究，他们提出应该还有一种反应，即忽略（Neglect），它是指员工消极冷漠的逃避行为，进而构建了 EVLN 模型。类似观点的如 Van Dyne、Ang（昂）与 Botero（博特罗）（2003）提出建言是员工以改善工作环境为目的的一种个人行为。中国学者更多关注的是组织不良状况下员工表达意见或建议的行为，如段锦云与钟建安（2005）研究提出，建言的目的是改善工作环境，改变是其行为导向，具有较强的建设性，能够促进员工与管理层相互沟通、交流；Liang 与 Farh（樊景立）（2008）认为建言行为是员工为了应对工作的不良现状或难题而主动地向管理者表达建设性观点的沟通行为；Liu、Zhu、Yang（刘、朱、杨，2010）提出建言行为是一种积极的、挑战现状的、建设性的行为。

EVL、EVLN 两个模型均认为，只有员工产生不满时才会建言，他们希望能通过建言行为来改变现状、解决问题。

2.2.1.2 角色外行为

Vandewalle（范德威尔）、Van Dyne、Kostova（科斯托瓦）（1995）最早将建言行为当成角色外行为进行研究，即认为建言行为是员工主动表现出的对组织有利的积极行为，是组织公民行为的一种。显然，这与EVLN认为的“不满才有建言”不相符。Motowildo、Borman、Schmit（莫托维德、博曼、施米特，1997）在研究个体在情景和任务下表现的差异时，将建言行为界定为改善环境为目的、建设性的人际间的交流。

Van Dyne与Le Pine（1998）将建言行为定义为员工针对组织的改进而提出的建设性意见，这种意见可能会由于其挑战现状的特征而被否定。他们认为建言能够为企业改革提供创新动力，是具有建设性的一种促进性行为。其后，他们又将定义改进为以改善现状为目的，员工所采取的建设性沟通行为，而且这种行为是员工自发产生的（2001），明确了建言行为是以变革为导向、致力于改善现状的建设性沟通，是组织公民行为的一种。同样，De Dreu（德鲁）与Van Vianen（范维安）（2001）认为建言行为是员工为了完成任务而发表意见的一种创新导向的组织公民行为；Van Dyne、Ang、Botero（2003）将建言行为定义为基于合作动机而发表观点、意见的行为；Detert与Burris（2007）则将建言行为界定为为了提高组织绩效而向管理者提供信息的行为。

从前述的两个脉络可以看出，本质上建言行为是一种非组织强制要求的、自发的、积极的行为，其目标不是简单地“挑刺”，而是期望改变现状，其性质属于建设性言语沟通行为。

2.2.2 建言行为的维度

从最早Hirschman（1970）提出的EVL模型来看，建言行为属于单一维度，而Withey与Cooper（1989）研究提出，建言不是一个单维度的概念。Motowildo、Borman、Schmit（1997）提出，建言应包括建设性建议。

后续学者对于建言行为维度的划分，进行了大量研究。

从新颖程度看，可分为常规性建言和新颖建言［Janssen、De Vries（德弗里斯）、Cozijnsen（科齐金森），1998］。

从建言风格看，又可分为关怀型建言和侵犯性建言，前者指个体带有关怀色彩，关注自我和组织的共同提升，而后者带有自私或侵略色彩，仅关注自我提升而不顾他人［Hagedoorn、Van Yperen、Van de Vliert et al.（哈格多恩、范伊佩伦、范德弗利特等），1999］。

Van Dyne、Ang、Botero（2003）则从内部动机角度将建言划分为防御型建言、亲社会型建言和默许型建言。

Liang 与 Farh（2012）将中国文化背景下建言行为的维度划分为促进性和抑制性，分别代表针对现状改善和针对负面问题而提出的建言。

从方向上看，建言可以是下级对上级，也可以是上级对下级（Liu、Zhu、Yang，2010），还可以是平级之间（段锦云、钟建安，2005）。Liu、Zhu、Yang（2010）将平级之间的建言称为 Speaking Out，而将下级向上级的建言称为 Speaking Up。

段锦云与凌斌（2011）将建言分为顾全大局式和自我冒进式，分别反映了员工与情景融合相联系的需求和独立增强的需求。

2.2.3 建言行为的影响因素

通过回顾现有文献，可以发现目前学者们对建言行为的产生机理进行了深入研究，基于不同的理论基础，主要从个体、领导、组织三个层面，探究了建言行为的前因变量。

2.2.3.1 个体层面

个体层面对于建言行为的影响，目前研究主要集中在个体人格特质、个体心理因素和人口统计特点等方面。

首先，个体人格特质方面。学者主要关注五种人格模式即外倾性、神经质或情绪稳定性、开放性、宜人性和责任心［Digman（迪格曼），1990］

对建言行为的影响，但是目前并未达成一致。

Brockner et al.（布罗克纳等，1998）研究发现，员工人格特质、对组织的感知对建言行为有显著影响。Saunders、Sheppard、Knight 等（桑德斯、谢泼德、奈特，1992）则认为人格特质与建言行为之间没有必然的因果关系。考虑到人格特质的多种属性，直接判断概念与行为之间的关系难免有误，学者们开始探讨各种人格特质与建言行为的关系。

Le Pine 与 Van Dyne（2001）使用实验室实验的方法，以 276 个被试为研究对象，以实际建言次数为建言行为测量指标，基于大五人格理论探讨了个人特质与建言行为的影响关系，结果表明外倾性和责任心显著正向影响建言行为；神经质和宜人性与员工建言行为负相关；开放性对建言行为的影响不显著。段锦云、王重鸣与钟建安（2007）以 361 名中国长三角地区 17 家国有企业的白领员工为样本，探索了大五人格对建言行为的影响。结果显示，责任心、外倾性正向影响建言行为，而神经质、开放性则与建言行为负相关。Nikolaou、Vakola、Bourantas（2008）使用希腊 334 个企业员工的截面数据，探讨个体大五人格特征和员工建言行为之间的影响机制，结果显示建言行为与外倾性和宜人性之间并不存在显著的关系，责任心和情绪稳定性两个人格特征是员工向其直接上级进行建言行为的最强预测因子。显然，在开放性对建言行为的影响方面，Le Pine 与 Van Dyne（2001）和段锦云等（2007）研究的结果是不一致的；在对于外倾性和宜人性对建言行为影响方面，LePine 与 Van Dyne（2001）和 Nikolaou 等（2008）的研究结果也是不一致的。

除大五人格理论的研究以外，学者们还探讨了其他人格特质与建言行为之间的关系，如凌斌、段锦云与朱月龙（2010）基于特质激活理论，以不同性质企业 269 名员工为对象，探讨了害羞与建言行为的关系，发现二者呈负相关。Crant、Kim、Wang（2011）以 244 个 MBA（工商管理硕士）和本科学生为对象，研究亦显示羞怯特质对建言行为有负向影响，同时，外向、责任心和积极个性对建言行为有正向影响。

其次，个体心理因素方面。学者们主要关注工作态度、自尊、自我效能、控制点、自我监控、组织承诺、认知风格偏好和心理安全感等是如何影响建言行为的。

Hirschman（1970）提出的 EVL 模型表示，员工满意度越低其建言越多，Farrell 与 Rusbult（1985）也认为工作满意度对建言行为显著负向影响。这个观点也得到了 Rusbult、Farrell、Rogers（罗格斯）与 Mainous（梅努斯）（1988），Withey 与 Cooper（1989）的支持。有些学者依据角色外理论，认为建言行为是由于积极态度所导致的，并推断，除非员工认同组织、信任组织或对组织忠诚，否则他们不会建言［Chen、Francesco（陈、弗朗西斯科），2003；钱源源、宝贡敏，2010］。

依据组织的自尊（OBSE）与社会心理学关于自尊的相关理论，学者们推断基于组织的自尊中介了建言行为的前因变量与其之间的关系［Van Dyne、Vandewalle、Kostova、Latham（拉瑟姆）、Cummings，2000］，Brockner 等（1998）、Liang 与 Farh（2008）则认为基于组织的自尊对建言行为起到的是调节作用。

Le Pine 与 Van Dyne（1998）以美国中西部 21 家企业中的 441 名员工的数据为研究样本进行实证研究，结果显示个体的总体自尊水平正相关建言行为，个体和情境因素体现出明显的交互作用；同时，群体管理风格与总体自尊之间的交互作用对建言行为产生负向影响。Premeaux 与 Bedeian（2003）研究发现总体自尊对员工建言行为有正向显著影响，低自我监控者会因为内控程度、自尊、高层管理的开放性和对上级信任程度的提升而更加积极地建言。

自 Fuller、Marler（马勒）、Hester（2006）提出心理因素对建言行为有积极的预测作用之后。Fuller、Barnett 等（2007）后续研究认为过去绩效在自我监控和建言行为之间具有正向调节作用，高自我监控者过去的绩效评价越好，就会表现更多的建言行为。马贵梅、樊耘、门一等（2014）通过 267 对主管和下属的配对样本，试图探析中国本土情境的权威领导对下属建言行为的影响过程，对“想不想”建言和“能不能”建言双元心理机制各自的作用和差异进行分析，研究结果显示，对于员工而言，心理因素能够直接影响其建言行为，而其他的因素都是借助心理因素间接对建言行为造成影响。

Milliken（米利肯）、Morrison、Hewlin（休林）（2003）研究发现，员工沉默而不建言的原因在于较低的心理安全感。Detert 与 Burris（2007）提出，员工心理安全感越高，建言的风险就越较小，越有利于建言行为的发生。Piderit、Ashford（皮德里、阿什福德，2003）以 172 名管理者为对象，探讨了向上建言的影响因素，也发现心理安全感是重要的预测因素。类似如 Edmondson（爱德蒙森，2003）的研究也证实了心理安全感与建言行为的正向相关性，Liang 与 Farh（2008）进一步发现个体心理安全感能积极预测抑制性建言和促进性建言，Liang 等（2012）研究发现员工的心理安全、组织尊严和对建设性变革的责任感都能正向影响建言行为，其中，心理安全感对抑制性建言行为的影响最为显著，而建设性变革的责任感对促进性建言的影响最为显著。李锐、凌文辁和柳士顺（2009）提出心理安全感在不当督导机制与抑制性建言之间起到中介作用。

Frese、Teng 等（1999）的研究表明员工个体的主动性、进取心和自我效能感都正向影响建言行为。段锦云与凌斌（2011）以 278 个配对样本为研究对象进行研究，发现中庸思维对顾全大局式建言有正向影响，而对自我冒进式建言有负向影响。为进一步探讨自我效能感对建言行为的影响，段锦云、魏秋江（2012）构建了建言效能感的概念，研究发现建言效能感对自我效能感和建言行为有中介作用。Crant（2003）从印象管理的视角探讨了自我倾向对建言行为的影响，发现高自我倾向的员工更愿意建言。

Venkataramani、Tangirala（文卡塔拉马尼、丹吉尔，2010）以金融行业 184 个样本为对象，研究发现个人影响力对建言行为有正向影响，而团队认同对此关系有显著调节作用。段锦云、张倩与黄彩云（2015）通过对 252 份配对样本分析发现，自己对建言的看法、感知到的他人对自己建言的期望均对建言角色认同有着正向影响，进而正向影响了建言行为。

最后，人口统计特点方面。学者们大多分析的是受教育程度、职位以及性别等方面是如何影响建言行为的。Le Pine 与 Van Dyne（1998）提出男性的建言行为要比女性多得多。段锦云等（2007）也提出男性较女性会有更多的建言。Detert 与 Burris（2007）的研究则显示性别与建言并没有直接联系。

Farrell 与 Rusbult（1985）研究发现，年轻且具有较高受教育水平的员工表达的建言行为更多。段锦云等（2007）则认为低学历者的建言更多。Le Pine 与 Van Dyne（1998）的研究亦证实了教育水平正相关建言行为。

Detert 与 Burris（2007）的研究指出岗位任期与建言呈显著正相关。Stamper 与 Van Dyne（2001）的研究结果则显示兼职与全职工作人员的建言行为没有显著差异。

2.2.3.2 领导层面

关于领导特征是如何影响建言行为的，学者们主要基于社会交换理论和社会影响理论，从领导的风格及个性角度开展了相关研究。

依据社会交换理论，学者们认为员工之所以建言，是因为其希望跟领导维持良好关系［Feldman et al.（费尔德曼等），2012］。Cropanzano、Mitchell（克罗潘扎诺、米切尔，2005）也提出，员工如果对领导或组织产生了认同感，作为回报，就会提出建言以维持良好的交换关系。显然，好的领导是促进建言行为的重要因素，因其能够广开言路、正直公平，进而激励员工敢于提出建言，与此相反，刚愎自用、心胸狭窄的领导难以获得员工的认同，因此员工更不愿意提出建言（Detert、Burris，2007）。

在多种文化情境下，领导成员交换对建言行为的正向影响都得到了一致性的结果，如 Bhal、Ansari（比荷、安沙里，2007）对印度不同地区 30 个软件组织中的 295 名专业人员的样本数据进行分析，研究结果显示领导成员交换积极影响员工的建言行为。冉霞与杨倩（2015）使用中国 579 份配对数据考查了领导成员交换与员工建言行为之间的关系，而钱士茹、丁明明、孔苓等（2015）则从组织身份吸引力的角度实证了领导成员交换对于建言行为的促进作用。Botero 与 Van Dyne（2009）分别对美国和哥伦比亚的领导成员交换对建言行为的影响进行了研究，结果都显示领导成员交换与建言行为呈显著正相关。

依据领导成员交换对建言行为的影响，可以推断道德型、诚信型、变革型等领导风格会对建言行为产生正向影响。Walumbwa、Schaubroeck（瓦伦布瓦、朔布鲁克，2009）研究证明道德型领导行为会通过员工心理安全感的中介作用，正向影响员工的建言行为。Hsiung（熊，2012）则以中国台湾70个团队为对象，研究了诚信领导与建言行为的关系，发现诚信领导、领导成员交换、程序公平及员工正面情感均与建言行为显著正相关。吴隆增、曹昆鹏、陈苑仪与唐贵瑶（2011）使用广州213份配对数据研究了变革型领导与建言行为的关系，发现二者呈显著正相关，而领导成员交换与员工的心理安全感在其中起到完全中介的作用。

依据领导成员交换理论，亦可推测领导与员工的关系会正向影响建言行为。Liu，Zhu 与 Yang（2010）研究发现，主管对员工的认同显著正向影响员工的建言行为。汪林、储小平、黄嘉欣等（2010）以中国本土家族企业的高管与下属经理人配对样本为对象，研究发现二者的亲密关系对建言行为有显著正向影响。李锐、凌文辁与方俐洛（2010）则以珠三角地区482名员工为样本，研究上级支持感与建言行为关系，发现呈显著正相关，而上司信任和组织心理所有权起到中介作用。

依据社会影响理论，领导与下属距离最近且拥有“生杀大权”，最容易影响到下属的态度和行为。由此可推断，领导特质会影响员工的建言行为。梁建与唐京（2009）研究显示变革型领导侧重于员工认同组织制定的战略，并提倡员工为组织成功去努力创新，从而最大限度激发员工潜能，激发员工的组织认同感进而以主人翁的角度来思考组织的问题，主动进行建言。后续学者分别通过自我决定（段锦云、黄彩云，2014）、心理授权（孙瑜、王惊，2015）等角度实证了变革型领导对于员工建言的正向影响。

向常春与龙立荣（2013）则研究了参与型领导对建言行为的影响，发现参与型领导通过积极印象管理动机的中介作用，对促进性建言和抑制性建言都有显著的正向影响。周浩与龙立荣（2012）分析了变革型领导对员工建言行为的影响，发现变革型领导对于向上级建言和向同级建言均有积极影响。Walumbwa 与 Schaubroeck（2009）的研究亦发现领导个性特质中的宜人性与尽责性会对下属的建言行为产生正向影响。Janssen 与 Van Yperen（2004）的研究显示员工只会在他们认为自己的领导能够有效管理建言时才会进行建言。

另外，学者们还探讨了其他类型的领导对建言行为的影响。梁建（2014）通过对某一零售企业 239 名员工的两阶段调查，实证了道德型领导对于建言行为的促进。另外，还有学者探讨了（彭娇子、张亚军、肖小虹，2016）谦卑型领导、参与型领导（张晨、朱静、段锦云等，2016）、谦逊型领导（周建涛，2016）、魅力型领导（李万明、鲁春洋、程豹，2016）等对于建言行为的影响。

通过对多种领导特质与建言行为关系的研究，学者们发现，领导的某些特征会对建言行为产生负向影响。如景保峰（2012）探讨了家长式领导对员工建言行为的影响，不但发现家长式领导的仁慈维度和德行维度与员工建言行为正相关，也发现了威权维度对员工建言行为的负向影响。周建涛与廖建桥（2012）则通过分析 66 名领导和 286 名下属的配对样本数据实证了威权领导对于建言行为的消极影响。严丹（2011）以广州 410 份配对样本为对象，研究发现辱虐管理对员工建言有显著负向影响。李锐、凌文辁与柳士顺（2009）的研究发现，上司的不当督导会显著负向影响下属的建言行为，组织支持感和心理安全感在其中起到中介作用。

2.2.3.3 组织层面

组织层面对于建言行为的影响，学者们基于社会交换理论、环境不确定性理论、资源守恒理论等，探讨了包括组织氛围、组织认同、人际关系、管理风格等因素。

依据社会交换理论，在组织中，员工不仅要与领导交换，还要与组织进行交换。因此，Feldman 等（2012）认为，当组织重视员工时，员工与组织会形成良好的关系，为了维持这种良好关系，员工就愿意建言。Fuller、Barnett、Hester 等（2007）以 205 名健康护理员为对象，研究证实了组织认同对建言行为有显著正向影响。

而现实中的情况显然没有那么简单，Detert 与 Burris（2007）认为，员工建言可能会挑战组织现状而使上级难堪。员工甚至担心建言会给自己的职业生涯带来负面影响（Detert、Edmondson，2011）。李君锐与李万明（2016）通过对 246 份企业员工的调查问卷实证研究发现，差错反感文化对于工作自主性对建言行为的影响有负向调节作用。Bae、Chuma、Kato 等（巴、丘马、加藤，2011）研究发现，参与型、支持型、自我管理型的领导风格比控制型、官僚型的领导管理风格更能显著影响员工的建言行为。Stamper 与 Van Dyne（2001）研究发现低组织官僚化程度促进员工进行建言。

因此，深入探讨何种组织氛围可以更好地激发员工建言显然值得探究。Morrison 与 Elizabeth（2011）的研究发现，团队建言气氛能够很好地影响团队成员的建言行为。段锦云、田晓明（2011）研究发现，组织内对同事的信任、对直接上级的信任、对组织的信任都能够促进建言行为的发生。李燕萍、刘宗华与郑馨怡（2016）则对 145 份配对数据进行分析，研究发现组织认同对建言行为有正向影响。Farh、Hackett、Liang（2007）对中国 163 份配对样本数据进行研究时发现，如果低传统性与低权利距离的员工能够感受到来自组织的支持，那么就能够鼓励员工积极产生大量建言行为。段锦云、田晓明、孔瑜等（2011）和王红勤（2015）的研究都证实了组织支持感对建言行为的显著正向影响。

Van den Bos（范登博斯）、Lind（2002）提出，由于员工在组织中环境的不确定会引发员工的不安全感，进而可能减少言行为，由此提出环境不确定性理论。他们认为，员工期望环境是确定的，而领导者的公正性会提升员工对环境的确定感，进而提升建言行为。邓今朝（2010）的研究实证了团队给予员工的安全感能够明显影响员工的建言行为。Takeuchi（竹内）、Chen、Cheung（张）（2012）使用中国香港395名员工及其领导的配对样本数据，分析发现了在不确定环境下，人际公平对建言行为有显著正向影响。段锦云、王重鸣与钟建安（2007）的研究证实，组织公平感正向促进建言行为的产生。佟丽君与吕娜（2009）研究表明程序公正正相关建言行为，心理授权在其中起部分中介作用。

与社会交换理论不同，资源守恒理论支持者认为建言是基于自我的考虑，是个体维持与获取资源的一种手段，是应对工作压力的一种反应，事实上，员工更愿意保存有限的资源而不去建言［Hobfoll（霍布福尔），1989］。Feldman等（2012）亦认为，建言会消耗资源，但如果将建言作为资源获取的途径，个体会权衡得失，通过适当的建言获得比付出更多的资源回报。

2.2.4 建言行为的测量

Le Pine与Van Dyne（1998）依据“提倡性参与”量表，开发出建言行为的单维度量表，该量表共有6个题项，被大量学者采纳和认同。

Van Dyne、Ang、Botero（2003）将建言行为划分为默许型、防御型和亲社会型3个维度，制定了每维度5题项的量表。由于没有对量表进行实证检验，此量表未得到广泛应用。

Liu、Zhu、Yang（2010）依据建言上级和建言同事的维度划分方法，借鉴Le Pine与Van Dyne（1998）的6题项量表，制定了2维度、15题项量表，其中建言上级9题项，建言同事6题项。

Liang与Farh（2008）针对中国文化情景，开发了抑制性建言、促进性建言的2维度11题项量表，其中抑制性建言6题项、促进性建言5题项。Liang、Farh其后又（2012）对前述11题量表进行修正，删除了一个抑制性建言题项，形成10题项量表。针对中国文化情景下的建言行为测量，中国学者大量使用了 Liang 等（2012）的 10 题项量表，研究结果均显示量表的信效度良好。考虑到 Liang 等（2012）的量表编制基于中国企业背景，更加适用于研究中国员工建言行为，本研究将采用此量表对建言行为进行测量。

2.3 自我效能感

2.3.1 自我效能感的概念与测量

Bandura（班杜拉，1977）依据社会认知理论提出了自我效能感的概念，将自我效能感定义为人们对自己完成某具体工作需具备的能力的自信程度。Bandura（1977）认为自我效能感是个体对自己在特定情境中是否有能力操作行为的预期，包括结果预期和效能预期。其中结果预期指预测某种行为会导致某种结果，而效能预期指判断自己能否顺利通过某种行为而产生特定结果。

1986 年 Bandura 将自我效能感重新定义为个体对自己能否在一定水平上完成某一活动的主观感受判断。并认为，自我效能具有四层含义：首先是个体判断自我从事某项活动或进行某项行为能力的大小；其次是在达成各种目标的过程中形成的一种帮助个体整合各种信息的自我生成能力；再次是个体对达成不同目标的自我预期是不同的；最后是自我效能通过累积形成个体的一种自我信念。Bandura（1986）提出，人们通过个体亲历的掌握性经验、替代性经验、他人的言语说服、一定的生理和情绪状态等信息源，得到关于自己的才智和能力的信息后，形成自我效能信念。从本质上看，自我效能是一种自我生成能力，Bandura（1995）提出，效能是一种生成能力，它综合认知、社会、情绪及行为方面的亚技能，并能把它们组织起来，有效地、综合地运用于多种目的。1997 年，Bandura 又将自我效能感定义为人们对其组织和实施达成特定成就目标所需行动过程的能力的信念。

其他学者也对自我效能感提出了不同的定义，如 Ashton、Webb（阿什顿、韦伯，1986）认为，自我效能感是个体的心态，体现了对特定环境的反应。Gist（韦斯蒂）与 Mitchell（1992）提出，自我效能感是包含对特定任务认知判断的一种动态内在机制。Maddux（马杜克斯，1995）则将自我效能感定义为人们对完成任务所需行动的过程、动机和认识资源的能力的信念。目前认可度最高的，当属 Stajkovic、Luthans（斯塔伊科维奇、卢森斯，1998）给出的定义：自我效能是指个体对自己能力的一种确切的信念（或自信心），这种能力使自己在某个背景下为成功地完成某项特定任务，能够调动起必需的动机、认知资源与一系列行动。

由于学者将自我效能感分为一般自我效能感和特定领域的自我效能感，因此，自我效能感的测量也分为两种。Bandura（2006）认为要有针对性地进行各领域的自我效能感的测量，并专门撰写了自我效能感量表构建的指南。然而，由于特定领域的界定宽度问题，反倒造成了自我效能感测量难以达成广泛共识。

对于特定领域自我效能感的测量研究有很多，如职业自我效能感［Lent（伦特）、Hackett，1987］、学术生涯自我效能感［Pajares、Schunk（帕哈雷斯、申克），2003］、教师自我效能感［Caprara、Barbaranelli、Steca et al.（卡普拉、巴巴拉内利、斯泰卡等），2006］、学生自我效能感［Bong（邦），2001］、学业自我效能感［Joo（乔）、Bong、Choi（崔），2000］、大学生自我效能感［Brafford、Beck（布拉福德、贝克），1991］、中学生自我效能感［Pajares、Graham（格雷厄姆），1999］、管理自我效能感［Robertson、Sadri（罗伯逊、萨德里），1993；陆昌勤、凌文辁、方俐洛，2006］等。

还有个别将特定领域的自我效能感和一般自我效能感合并测量的，如 Sherer et al.（雪莉等，1982）构建了包含一般自我效能感（17 题项）和社会自我效能感（6 题项）的量表，用于检验自我效能感和人格之间的关系。

对于一般自我效能感的测量，Jerusalem、Schwarzer（耶鲁萨姆、施瓦泽，1979）在德国开发了一般自我效能感量表（GSE），后续被翻译为30多种语言，得到了广泛应用。Zhang（张）与Schwarzer（1995）将Jerusalem与Schwarzer（1979）开发的10题项一般自我效能感量表翻译为中文版本，该量表目前已被广泛采用和反复验证。我国学者亦在中国文化情境下验证了该量表的信度和效度，证明该量表适用于中国文化情景，如王才康、胡中锋与刘勇（2001）。

考虑到文化情景和研究对象，本研究选择Zhang与Schwarzer（1995）的10题项量表对自我效能感进行测量。

2.3.2 自我效能感对员工影响研究

自Bandura（1977）提出以来，自我效能感理论获得了多个领域的认可，学者们开展了广泛的研究。目前，对其主要集中在教育、职业指导、体育运动、健康心理学等领域。而自我效能感在组织管理领域中的研究主要集中在对员工的态度、行为以及绩效等方面的影响。

员工态度等方面，Gist与Mitchell（1992）认为自我效能感受到个性、动机、任务以及技能水平的影响。Saks（塞克斯，1995）研究了入职培训、自我效能感对员工适应情况的影响，发现自我效能感一定程度上调节了培训和工作满意度、组织和职业承诺之间的关系。Ford（福特，1996）研究创新行为理论时发现，自我效能感是员工创新行为的内在动机。Royle et al.（罗伊尔等，2005）则发现自我效能感对责任心与组织公民行为的关系有正向调节作用。周明建、侍水生与蒋建军（2011）使用244份问卷数据，验证了员工的自我效能感在人—岗匹配和员工工作态度之间起到部分中介作用。

绩效方面，Conger、Kanungo（康格尔、卡农戈，1988）实证了自我效能感在授权与工作绩效之间的中介作用。Ahearne、Mathieu、Rapp（阿赫恩、马修、莱普，2005）在研究领导授权行为对客户服务满意度和销售业绩的影响时，验证了自我效能感起到的中介作用。Stajkovic 与 Luthans（1998）的研究也证实了自我效能感对工作绩效的预测作用。Stajkovic、Lee（李）、Nyberg（尼伯格）（2009）则认为，自我效能感在个体感受与工作选择或工作绩效的关系中起到中介作用。孟慧、宋继文、孙志强与王威（2011）的研究表明，自我效能感在变革型领导与工作绩效、工作满意度之间都起到部分中介作用，核心工作特征则通过自我效能感的中介作用调节变革型领导与工作绩效之间的关系。

自我效能感对创造力的影响得到了广泛的关注。Redmond、Mumford、Teach（雷德蒙德、芒福德、蒂奇，1993）研究发现，领导行为能通过对员工自我效能感影响员工的创造力。张红琪、鲁若愚与蒋洋（2012）以375 名员工为对象，研究了自我领导、自我效能对员工创新行为的影响，发现自我效能对员工创新行为具有显著的正向影响，而自我领导以自我效能为中介间接影响员工创新行为。曹威麟、谭敏与梁樑（2012）的研究亦发现，一般自我效能感在自我领导与创新行为之间起到中介作用。另外，冯旭、鲁若愚与彭蕾（2009）使用服务型企业的 336 名员工的问卷数据，分析发现自我效能感一方面对创新行为有直接的正向影响，另一方面还通过内部动机和外部动机的中介作用，对创新行为产生间接的正向影响。

2.4 组织支持感

2.4.1 组织支持感理论基础及概念

组织支持感理论基于社会交换理论与互惠原则而提出，Eisenberger et al.（艾森伯格等，1986）认为，员工与组织之间的关系基础是双方对彼此的期待与需求，员工付出劳动是期待从组织中获得回报，而满足员工的需求有助于产生有效激励，由此其提出了组织支持感理论。Eisenberger et al.（1986）将组织支持感定义为员工感觉到的组织对其幸福感的关注以及其贡献的评价，形成员工对组织支持的整体认知即组织支持感。Eisenberger et al.（1986）提出的组织支持感包含两个要点：一是组织对员工贡献的认可，二是组织对员工幸福感的重视。这两点分别满足员工的被认可需求和社会情感需求。

Me Millin（密米林，1997）对 Eisenberger et al.（1986）提出的组织支持感的概念进行了发展，提出组织支持感的形成还应该包含工具性支持。凌文辁、杨海军与方俐洛（2006）的研究则认为组织支持感应包含工作支持、关心员工利益和对员工价值的认同。

Shore、Strauss（肖尔、施特劳斯，2006）指出，社会交换理论与互惠原则不仅可以描述个体之间的关系，也可以应用于组织情景。因此，基于社会交换理论的视角，可将组织和员工视为社会交换的双方，当组织给予员工更好的待遇时，员工会产生较高水平的承诺，Watson（沃森，2000）称为战略性交换。

2.4.2 组织支持感测量

Eisenberger et al.（1986）依据提出的组织支持感的构念，开发出 36 题项的测量量表。该量表被广泛采用，但在实际应用中，考虑到研究的便利，学者往往选择部分题项构成独立的量表来使用。

Kraimer、Wayne（克莱默、韦恩，2004）将组织支持感分为 3 个维度，分别为适应性组织支持感、财务性组织支持感和职业生涯组织支持感，并在此基础上开发了 12 题项组织支持感量表。

凌文辁、杨海军与方俐洛（2006）则将组织支持感分为工作支持、关心员工利益、对员工价值的认同 3 个维度，并开发了 24 题项的组织支持感量表。

Farh、Hackett、Liang（2007）依据中国文化情景，为研究权利距离、传统文化对组织支持感与绩效之间的调节效应，开发了 8 题项组织支持感量表。后续学者在中国文化情境下对于组织支持感的研究，多采用了此量表，因此，本研究亦采用此 8 题项组织支持感量表。

2.4.3 组织支持感前因变量研究

Rhoades（罗兹）、Eisenberger（2002）的研究提出，员工特征、主管支持、工作环境、组织公平与组织奖励等均会对组织支持感产生影响。后续学者进行了大量的实证研究。

首先，在组织公平方面，Aselage（艾斯莱格）与 Eisenberger（2003）认为，组织公平显著正向影响员工的组织支持感，且组织公平是影响员工组织支持感较重要的因素之一。Shore L. M 与 Shore T. H（肖尔 L. M，肖尔 T. H，1995）则认为程序公平与组织支持感呈显著正相关。Cropanzano、Ambrose（安布罗斯）、Greenberg（格林伯格）（2001）的研究发现，分配公平对组织支持感具有正向影响。Shalhoop（沙霍普，2004）的研究结果亦发现程序公平、分配公平均对组织支持感有显著正向影响。但 Cheung 与 Law（洛）（2008）通过对中国香港 159 名被试的调查，研究却发现互动公平对组织支持感有显著影响，而分配公平则与组织支持感无关。

Harris（哈利斯）与 Harvey（2007）以 418 名员工为对象，研究了组织政治感与工作产出及组织支持感的关系，发现组织政治感对组织支持感有显著负向影响作用。

其次，在组织奖励方面，Eisenberger et al.（1986）提出，薪水、工作丰富性、组织政策等因素会对组织支持感产生影响。Eisenberger 与 Armeli（阿姆利）（1997）的研究亦证实了组织奖励对组织支持感的显著正向影响。与此相反，Dekker、Barling（德克林、巴林，1995）的研究发现，如果企业在对员工需求考虑不周且管理严格，员工的组织支持感就会较低。Allen、Shanock（艾伦、沙诺克，2013）通过分析 500 名员工的调查数据，发现社会化策略对组织支持感有显著影响。Allen、Shore、Griffeth（格林菲斯）（2003）的研究发现企业提供给员工的培训及发展机会对于组织支持感有显著正向影响。Johlke（约翰克）、Stamper、Shoemaker（舒梅克）

（2002）研究了组织支持感对跨界员工的影响，发现任务培训质量对组织支持感有重要的影响作用。

最后，在领导同事层面，基于组织拟人化的考虑，员工往往会将领导的态度视为组织的态度，因此，Rhoades 与 Eisenberger（2002）认为，领导支持对于组织支持感有显著正向影响，且领导者组织中的重要性影响员工将领导与组织视为一体的程度，组织支持感受到此程度的调节，这个观点得到了其他学者的支持［Hutchison（哈奇森），1997；Kottke、Sharafinski（科特克、沙拉芬斯克），1988；Yoon、Lim（尹、林），1999］。为此，Eisenberger et al.（2010）开发了 SOE（上级的组织代表性）来表示这一概念，并使用 251 名服务员工的样本检验了 SOE 对领导成员交换与组织承诺关系的调节作用。

Shoss（绍斯）、Eisenberger、Restubog（莱斯伯格）与 Zagenczyk（萨根塞克）（2013）研究了权力滥用对组织支持感的影响，发现权力滥用对组织支持感有显著负向影响，其原因在于员工将上级做法的责任归结于组织。

Hayton（海顿）、Carnabuci（卡纳布西）、Eisenberger（2012）则基于社会网络理论，探讨了感受到同事的支持与组织支持感的关系，研究发现组织内的社会网络密度、质量和规模对组织支持感有显著正向影响，感受到同事的支持在其中起到中介作用。

2.4.4 组织支持感结果及中介变量研究

对于组织支持感的结果变量，学者们主要研究了组织承诺、绩效、工作参与、离职行为等（Rhoades、Eisenberger，2002）。大致可分为态度和行为两个方面。

在态度方面，Cropanzano、Howes（豪斯）、Grandey（格兰迪）等（1997）认为，组织支持感与组织承诺有正向相关性，与此持有相同观点的研究还有 O'Driscoll、Randall（奥德里斯科尔、兰德尔，1999）、Meyer

与 Smith（迈斯，史密斯，2000）、凌文辁等（2006）、Newman 与 Sheikh（纽曼，谢赫，2012）。Aggarwal - Gupta、Vohra、Bhatnagar（阿加瓦尔 - 古普塔、沃拉、巴塔纳格尔，2010）以印度 513 名员工为研究对象，分析了组织支持感对心理幸福感、组织承诺的影响，发现组织支持感通过心理幸福感的中介作用正向影响组织承诺。Loi、Hang - Yue、Foley（卢伊、杭越、弗利，2006）的研究则揭示，组织支持感正向影响组织归属感和忠诚度。与此相反，组织支持感则与离职倾向呈负相关［Wayne、Shore、Liden（利丁），1997］。Maertz（梅尔茨）、Griffeth、Campbell（坎贝尔）等（2007）认为，组织支持感通过规范承诺、情感承诺影响离职认知，上司支持感在其中起到调节作用。

George、Reed、Ballard 等（乔治、里德、巴拉德，1993）通过对 256 名在艾滋病环境中工作的护士进行研究，发现组织支持感能有效降低工作压力和负面情绪。Asad、Khan（阿萨德、卡恩，2003）使用 70 名私营企业员工的数据，研究亦证实组织支持感与工作压力、职业倦怠显著负相关。

Behson（贝森，2002）的研究则发现组织支持感与工作满意度显著正相关，Susskind、Borchgrevink、Kacmar 等（苏斯金德、博奇格瑞文克、卡克马尔，2000）与 Saekoo（塞古，2011）的研究也发现，组织支持感对工作满意度和组织有显著正向影响。

在行为方面，组织支持感对组织公民行为有显著正向影响，如 Shore 与 Wayne（1993）使用 383 份员工与直接上司的配对数据，实证了组织支持感对组织公民行为的显著正向影响。苗仁涛、孙健敏与刘军（2012）使用中国中小企业员工样本进行研究，也证明了组织支持感对情感承诺、工作满意度和组织公民行为有显著影响。

Eder 与 Eisenberger（2008）研究发现组织支持感对离职行为有负向影响；Moorman、Blakely、Niehoff（穆尔曼、布莱克利、尼霍夫，1998）的研究则发现组织支持感对缺勤行为也有负向预测作用，田喜洲与谢晋宇（2010）的研究也得到相同的结论。

George 与 Brief（布莱夫）（1992）认为组织支持感会正向影响角色外行为。Chen、Eisenberger、Johnson、Sucharski（苏查斯克）与 Aselage（2009）使用199名员工的调查数据实证了组织支持感对角色外绩效的显著正向影响。Bhanthumnavin（巴桑纳文，2003）认为组织支持感除组织支持外，还应包含情感支持和信息支持，并使用泰国卫生中心355份员工及其直接上司的配对数据实证了组织支持感对绩效的影响。Miao（米奥，2011）以中国国有企业员工的调查数据为依据，研究发现组织支持感对工作满意度和工作绩效都有较好的预测作用。赵波与徐昳（2015）使用中国私有企业员工455份问卷数据，分析了组织支持感对工作绩效的影响，发现二者呈显著正相关。

另外，学者们进行了组织支持感作为中介变量的研究。如 Allen、Shore、Griffeth（2003）认为人力资源实践通过组织支持感对中介作用影响了员工离职；Wang 与 Hsieh（谢）（2012）发现组织道德氛围与员工沉默之间的关系受到组织支持感的中介作用；Noruzy、Shatery、Rezazadeh 等（诺鲁兹、沙特里、雷扎德，2011）提出组织支持感中介了组织公正对组织公民行为的正向影响；Cheung（2013）通过使用中国香港三家公司159名员工上司的配对数据，分析发现信息公平、人际公平均通过组织支持感的中介作用影响了员工的组织公民行为；颜爱民与李歌（2016）通过对1308份样本数据的分析，发现组织支持感在企业社会责任与角色内行为和组织公民行为之间均起完全中介作用。

2.5 工作投入

2.5.1 工作投入的概念及测量

工作投入的概念最初由 Kahn（凯恩，1990）提出，其被定义为组织成员能够全身心融入工作角色。Kahn（1990）将工作投入划分为生理、认知和情绪3个维度，并认为这3个维度受到意义感、安全感和可获得性3个心理前提条件的影响。Maslach、Leiter（马斯拉克、莱特，1997）将工作投入视为工作倦怠的对立面来研究，并将其分为高能量、高卷入、高效能3个维度。Schaufeli、Salanova、González－Romá et al.（朔菲利、萨拉诺瓦、冈萨雷斯－罗曼等，2002）提出不能简单地认为工作投入是工作倦怠的对立面，工作投入是比工作倦怠更为复杂的概念，认为工作投入应由3个因素表征：活力、奉献和专注。Shirom（雪伦，2003）则认为工作投入应该只关注活力，因此对Schaufeli等（2002）提出的三因素模型提出了反对意见。May、Gilson、Harter（梅、吉尔森、哈尔特，2004）对Kahn（1990）提出的工作投入受到意义感、安全感和可获得性3个心理前提条件的影响进行了实证研究。Rich（里奇）、Le Pine、Crawford（克劳福德）（2010）则提出工作投入是连接个人特质、组织因素和工作之间的一个多维动机概念，可以认为是员工在工作中整体的、全方位的投资。

对于工作投入的测量，使用最广泛的量表主要有3种，分别是Schaufeli与Bakker（贝克尔，2003）开发的UWES（Utrecht Work Engagement Scale，工作投入量表）、Shirom（2003）开发的SMVM（Shirom－Melamed Vigor Measure，员工活动问卷）和Rich、Le Pine、Crawford（2010）开发的三维度量表。

Schaufeli与Bakker（2003）基于活力、奉献、专注三因素模型，设计了17题项量表UWES，其中活力6题项、奉献5题项、专注6题项。UWES在欧洲及中国情景下都有很好的一致性，取得了广泛的应用。Schaufeli、Bakker、Salanova（2006）又对UWES进行缩减，删除8题后得到UWES－9简版量表，目前在工作投入相关的研究中应用最为广泛。

Shirom（2003）依据体力、情感能量、认知活力3个维度，开发了14题项量表。量表虽然具有较高的内部一致性，但被接受程度远低于UWES。Wefald（韦瓦尔德）、Mills（米尔斯）、Smith等（2012）研究发现，当控制了工作满意度和组织承诺时，Shirom（2003）的SMVM量表无法对工作结果做出预测，Shirom（2007）的量表却能区分工作投入与工作满意度和组织承诺的影响。

Rich等（2010）认为UWES与Kahn（1990）提出的工作投入的前因条件有混淆，重新设计了认知、情绪、体能3个维度共18题项度量表，也获得了一定的认可。

综合考虑量表被采用的广泛性、跨文化等情况，本研究选择Schaufeli等（2006）开发的UWES-9版本测量工作投入。

2.5.2 工作投入前因变量研究

Kahn（1990）提出工作投入受到意义感、安全感和可获得性的影响。Britt（布里特，2003）通过对1208名美国男性士兵的研究，发现在工作情景不明确时，与工作相关的身份认同对工作投入有显著的正向影响。Kataria、Garg、Rastogi（卡塔利亚、加格、拉斯托吉，2013）则使用UWES-9量表测量工作投入，对印度278名IT企业员工进行调查，研究发现角色清晰性、工作挑战性、支持型管理、认可、自我表达均与工作投入呈显著正相关。

Saks（2006）使用加拿大102名员工的数据，分析了工作特征、组织支持感对工作投入的影响，发现均呈显著正相关。孙健敏、陆欣欣、孙嘉卿（2015）认为，在一定条件下，组织支持感与工作投入存在非线性的关系，并以302名证券行业员工为研究对象进行研究，结果表明，在控制员工的情感承诺后，组织支持感与工作投入呈显著U形曲线关系。

Xanthopoulou（西恩托普洛）、Bakker、Schaufeli等（2009）使用UWES-9对荷兰52名快餐行业工作人员进行调查，分析发现可获得工作资源、员工自信水平对员工工作投入有显著正向影响。Ouweneel（欧文尼尔）、Blanc（布兰科）、Schaufeli等（2012）通过对荷兰59名大学工作人员使用UWES-9量表的调查结果，分析发现，积极情绪体验对工作投入有显著正向影响效果。Cotter、Fouad（卡特、福阿德，2013）以美国裁员企业的203名幸存员工为对象，使用UWES-9量表调查发现，乐观对工作投入起到最大的正向影响作用。

王婷、高博、刘君等（2009）以301名技术型员工为对象，研究发现核心自我评价可以影响工作投入的水平。唐汉瑛、龙立荣、周如意（2015）则使用375份员工调查数据，研究了谦卑领导行为对下属工作投入的影响，结果表明谦卑领导行为对下属工作投入有显著正向影响。

2.5.3 工作投入结果变量等研究

工作投入作为一种积极的、充实的工作状态，其积极影响效果得到了一致认同。Saks（2006）提出工作投入可以影响工作满意度、组织承诺及离职倾向。Airila、Hakanen、Punakallio et al.（艾里拉、哈卡尼恩、普纳卡利奥等，2012）则以芬兰403名消防员为研究对象，调查发现工作投入对提高工作能力有显著正向影响。Bakker、Demerouti、Lieke（列克）（2012）以芬兰144名来自多个行业的员工为样本，研究发现工作投入对任务绩效、角色外绩效和主动学习都有显著正向影响。Kataria、Garg、Rastogi（2013）以印度278名IT企业员工为样本，研究了工作投入与组织公民行为之间的关系，结果显示二者呈显著正相关，工作投入可以影响组织公民行为。De Waal、Pienaar（德瓦尔、皮纳尔，2013）则发现工作投入可以提高心理资本。

与此相反，Alarcon、Edwards（阿拉肯、爱德华兹，2011）研究发现，在控制了工作倦怠的因素之后，工作投入与离职倾向仍然呈显著负相关。Hakanen与Schaufeli（2012）则通过对芬兰3255名牙医7年的追踪研究，发现工作投入与抑郁症显著负相关。Shimazu（岛津）、Schaufeli、Kubota（久保田）（2012）通过对日本2520人的调查数据分析，发现工作投入与不健康指数显著负相关。

也有学者将工作投入作为调节变量或中介变量进行了相关研究，如Chang（常），Hsu、Liou等（2013）以30家公司267名研发人员及其直接上司的配对数据，研究分析工作投入调节了心理契约与创新行为的关系。

Kataria、Garg、Rastogi（2013）则发现工作投入对心理氛围与组织公民行为的关系起到调节作用。李锐（2010）使用中国珠三角地区的 325 份上司下属配对数据，研究了职场排斥、组织认同、工作投入与角色外绩效之间的关系，结果表明，组织认同在职场排斥与工作奉献之间、职场排斥与人际关系之间均起到中介作用。李伟与梅继霞（2013）使用中国金融、电信类国有企业的 726 名员工的问卷数据，研究发现，工作投入在内在动机对员工绩效的影响中起到中介作用。

3 研究假设与理论模型

3.1 理论基础

研究拟从三元交互的视角，探讨工作特征对建言行为的影响机制，依据个人—组织匹配理论、资源保存理论、社会交换理论以及自我决定理论，提出研究模型。

3.1.1 三元交互决定理论

Bandura（1978）对行为主义、人本主义的观点进行了批判，认为只承认环境对个体行为的影响或只承认个体对环境的影响都是单向的、有缺陷的。Bandura（1978）在吸收行为主义、人本主义及认知心理学的部分思想的基础上，提出了行为、人、环境三者的交互决定思想（Reciprocal Determinism)，其思想逻辑及其与原有思想的差异，如图3－1所示。三元交互决定理论包含三种模式：行为与个体、环境的交互；个体与环境、行为的交互；环境与个体、行为的交互。

图3－1中B代表个体行为、P代表个体认知及其他能影响认知和行为的内部事件、E代表外部环境，箭头方向表示因果方向。关于个体与环境的关系，显然是双向交互影响的，个体的认知源于环境，而个体又依据认知做出行为，对环境施加影响。环境与行为的关系，同样是双向影响，环境为人的行为提供了可能，同时也约束了人的行为，行为则是对环境形成回应和影响。最后个体与行为间的双向影响关系，显然行为受到个体认知

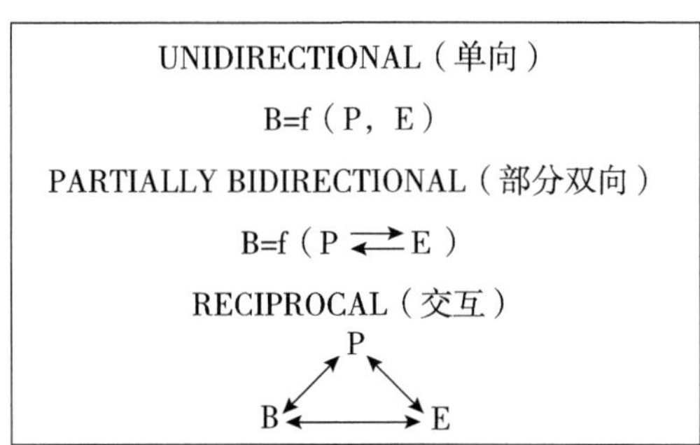

图3-1 交互理论与单向影响理论及部分双向影响理论对比

资料来源：Bandura（1978）发表的《The Self System in Reciprocal Determinism》。

的支配和引导，同时行为的结果又对个体的认知产生影响。

3.1.2 自我决定理论

Deci、Ryan（德西、里安，1975）最早提出了自我决定理论，经过多年的发展完善，目前自我决定理论包含5个子理论，分别为认知评价理论（Cognitive Evaluation Theory，CET）（Deci、Ryan，1975）、有机整合理论（Organismic Integration Theory，OIT）（Deci、Ryan，2000）、因果定向理论（Causality Orientations Theory，COT）（Deci、Ryan，1985）、基本心理需求理论（Basic Psychological Needs Theory，BPNT）（Deci、Ryan，2000）和目标内容理论（Goal Contens Theory，GCT）（Deci、Ryan，2002）。其中，基本心理需求理论提出胜任、自主与关系三大心理需要，认为满足三大心理需要是促进个体的人格及认知结构成长与完善的条件，而个体为满足这些需要而努力。该理论描述了环境因素通过心理需要的中介作用对个体行为产生影响的作用机制。

3.1.3 个人—组织匹配理论

个人—组织匹配源于个人—环境匹配的宽泛概念，Schneider（施奈德，1987）对个人—组织匹配关系给出了典型的定义，并建立了吸引—选择—磨合模型。依据 Kristof（克斯托夫，1996）的个人—组织匹配定义，可以将个人—组织匹配的类型分为 4 类：补充匹配、互补匹配、需求—供给匹配和能力—要求匹配。其中，需求—供给匹配强调组织满足个人的需求、欲望和偏好，而匹配的效应是在员工认知、态度、行为和绩效方面产生积极影响，如减少离职和增加组织公民行为、提高工作满意度等。

3.1.4 资源保存理论

Hobfoll（1989）提出了资源保存理论（Conservation of Resources Theory，COR），其基础假设是人们总是在积极努力地维持、保护和构建他们认为重要的资源，而这些资源的实际或潜在损失，对人们而言都是威胁。资源保存理论将资源分为 4 类：物质性资源、条件性资源、人格特质和能源性资源。依照 COR 理论，社会关系、工作发展机会、自主性、回报等都可被视为有价值的资源。

3.1.5 社会交换理论

Blau（布劳，1964）提出社会交换理论，社会交换为与经济交换相对的概念。其核心思想是，当个体受益于对方时，会产生回报的想法和行为。学者们将其应用于组织内分析，衍生出领导成员交换、组织成员交换等概念，在具体的研究中，证实了领导成员交换、组织成员交换现象的存在。有学者使用组织成员交换的概念来解释组织公民行为，如建言等，获得了广泛认可［如 Mowday、Porter、Steers（莫迪、波特、斯蒂尔斯），1982；Feldman et al.，2012；Porter、Steers、Mowday et al.，1974］。

3.2 研究假设

3.2.1 工作特征对建言行为的影响

理论上来看，依据 Bandura（1978）提出的三元交互决定理论，个体行为是个体、环境与行为交互作用的结果，环境可通过与个体的互动影响个体认知，个体认知影响个体行为，而个体行为亦会对个体认知和环境产生影响。显然个体所承担的工作特征属于环境，而个体对组织的建言行为属于个体行为，因此可以推测，工作特征对于建言行为有影响。依据组织成员交换理论，组织为员工提供越好的工作环境，员工会越多地回报组织，即工作特征对建言行为有正向影响。若依据资源保存理论，组织为员工提供的工作环境越好，对员工来说，越不愿意失去这样的资源，员工会产生更多的建言以期维持良好的工作环境，由此亦可推测，工作特征对建言行为有正向影响。

从学者以往的相关研究成果来看，工作特征对组织公民行为有正向影响，如 Krishnan et al.（2010）在马来西亚的研究结果表明，工作特征的 3 个维度，即工作自主性、技能多样性和工作重要性对员工工作满意度和组织公民行为均具有直接的积极作用；周红云（2012）在中国的研究结果表明，工作特征各维度对组织公民行为具有显著的正向影响。由于建言行为属于组织公民行为的一种，因此，可以推测，工作特征各维度对建言行为均有正向显著影响。

具体到工作特征的各维度，第一是技能多样性，当技能多样性越高时，即岗位需要的技能越多时，员工对于工作的掌握、理解以及可以改进的地方，比管理者会有更深刻的认知，即员工更有能力。依据组织成员交换理论，员工建言可视为是对组织的付出，或为期待组织给予回报或为回报组织过往的支持、照顾等，在员工越有能力的情况下，必然产生越多的建言行为，特别是促进性建言。若依据资源保存理论，提供促进性建言如果可以获得更多资源或提供抑制性建言可以避免现有资源的损失，员工在有建言能力的情况下会产生建言行为，特别是抑制性建言。

第二是任务完整性，当任务完整性高时，对于工作各环节的衔接性、各环节对结果的影响以及目前岗位任务绩效的瓶颈等，员工可能比管理者有更深刻的认识，在遇到组织管理的问题时会更理解管理者的难处，同时也更清楚任务安排可以改进的地方等，其建言的能力越强。同样，依据组织成员交换理论，在员工越有建言能力的情况下，可以预测其会产生更多的建言行为，包括促进性建言和抑制性建言，针对如何突破岗位任务绩效瓶颈、通过改善工作衔接、改善绩效等会产生促进性建言，而对于任务安排不当等会产生抑制性建言。

第三是工作重要性，一般来说，工作越重要，自然其结果对于组织的影响也越大，同时对员工自身的影响应该也越大，即员工的工作越重要，其工作结果对组织及其自身的影响越大，如果员工建言提升了组织绩效或避免了组织损失，依据组织成员交换理论，组织会回报员工，同时组织的改善最终也会使得员工自己受益。若依据资源保存理论，当员工的工作越重要时，其所在岗位的资源越重要或越丰富，而员工为保存现有资源或获取更多与工作重要性相关的资源，会产生更多的建言行为，为保存现有资源如职务、权力等会产生抑制性建言，为获得更多的资源如更大的权力等而产生促进性建言。

第四是工作自主性，员工工作的自主性越强，其会对工作成果与工作方法的对应性越理解，且对于绩效的归因亦会更加倾向于自身因素，如自己比较努力、工作能力强等。同时，由于工作更多的是依赖员工自己安排，其对工作的理解和认识越深刻、成就感越强且工作满意度也越高，显然其建言的能力也越强。依据组织成员交换理论，员工为回报组织给予的自主性权限及其由此产生的成就感等，会产生更多的建言行为。另依据资源保存理论，员工为争取更多的资源（如时间或空间的自由等）或避免资源的减少，亦会产生更多的促进性建言或抑制性建言。

第五是反馈，这里的反馈指组织对员工的反馈，而与员工自身工作相关度比较高的建言，则可以认为是员工对组织的反馈。若依据组织成员交换理论，组织为员工提供更多的反馈，员工亦会向组织提供更多的建言。另外，反馈有助于员工理解工作与成果的关联关系，有助于员工改善工作方法、提高工作能力和成就感，最终提升其建言能力。再依据资源保存理论，员工为增加或避免减少反馈带来的诸如成就感等心理资源，由于其有更高程度的建言能力，因此会产生更多相关的促进性建言或抑制性建言。

由此，提出以下假设。

H1：工作特征与建言行为正相关。

H1a：技能多样性与建言行为正相关。

H1b：任务完整性与建言行为正相关。

H1c：工作重要性与建言行为正相关。

H1d：工作自主性与建言行为正相关。

H1e：反馈与建言行为正相关。

H2：工作特征与促进性建言行为正相关。

H2a：技能多样性与促进性建言行为正相关。

H2b：任务完整性与促进性建言行为正相关。

H2c：工作重要性与促进性建言行为正相关。

H2d：工作自主性与促进性建言行为正相关。

H2e：反馈与促进性建言行为正相关。

H3：工作特征与抑制性建言行为正相关。

H3a：技能多样性与抑制性建言行为正相关。

H3b：任务完整性与抑制性建言行为正相关。

H3c：工作重要性与抑制性建言行为正相关。

H3d：工作自主性与抑制性建言行为正相关。

H3e：反馈与抑制性建言行为正相关。

3.2.2 自我效能感的中介作用

从理论层面来看，依据三元交互决定理论，行为是个体、环境、行为三者交互影响的结果，显然自我效能感属于个体认知范畴，与个体所处的环境、个体的行为均会产生交互影响，环境可以通过对个体的认知而影响个体的行为。因此可推测，工作特征通过对员工自我效能感的作用而影响其建言行为。依据自我决定理论中的基本心理需求子理论，人类有胜任、自主与关系三大心理需要，个体为满足这些需要而努力，环境因素则通过心理需要的中介作用对个体行为产生影响，而自我效能感属于胜任心理需要。由此可推测，组织可改变工作特征来影响员工的自我效能感，进而通过自我效能感的中介作用将对个体建言行为产生影响。

从以往学者的研究来看，工作特征的各维度对自我效能感均有正向影响。Gist（1989）研究发现，不同的任务复杂性可影响到自我效能感的判断，即工作的技能多样性影响自我效能感。同时，依据 Bandura（1977）的自我效能感理论——以往的成功经验影响自我效能感，由此可推测，工作的技能多样性水平越高，员工将因能完成工作而产生更多的自信，更相信自己比别人的能力强，更相信自己能完成高难度的工作，即将产生更高的自我效能感。Frese et al （1999）的研究表明员工的自我效能感正向影响建言行为。因此可推测，任务的复杂性越高，员工将产生越高水平的自我效能感，员工越认为自己是专业人士，对于企业的问题将更有自信提出建议，同时对于不合理的现象敢于提出质疑甚至反对，即产生更多的建言行为。

个体单独完成工作而形成的自我效能感，显然比与他人合作完成形成的自我效能感更高，因为在多人完成工作的情况下，个体会清楚地将任务完成的原因归结于团队，显然，越多人参与，个体形成的自我效能感会越低，由此可推测，工作特征的任务完整性越高，员工的自我效能感就越强。

Ezell et al.（埃泽尔等，1993）的研究发现，工作自主性对员工的自我效能感有显著影响。当员工的工作自主性越高时，员工越有可能将完成工作归因为自身的努力和才智，即员工认为工作能够顺利完成，主要是因为自身的努力和判断，而非其他因素。如果员工的工作自主性很低，基本都是按照规定的程序进行，员工会更倾向于将成功归因于制度或者领导者。同样，依据 Frese et al.（1999）的研究结论可推测，工作自主性水平越高，员工的自我效能感水平将越高，进而会产生更多的建言行为。

另外，Ezell et al.（1993）的研究还发现，工作的反馈性对员工的自我效能感也有显著影响。即工作反馈性越高，员工越能感觉到自身行为带来的效果。当工作绩效不理想时，员工可以通过改变工作方法来观察业绩变化，可以找到最佳的工作方法，进而形成更高水平的自我效能感。同样，这种自我效能感的提高会引发更多的建言（Frese et al.，1999）。同时，工作反馈性越高，员工对于工作方法与绩效的认识越准确，可以提出更多的提高工作方法的建议，即促进建言。

工作重要性会激发员工的工作投入（Katrinli et al.，2009），工作投入程度的提高显然可以促进绩效的提高，Tyagi（1985）、Oldham 与 Cummings（1996）、Fried 与 Ferris（1987）等研究实证了工作特征各维度对于绩效的影响。绩效提高的过程会形成更多的成功经验，而成功经验使得员工产生更高水平的自我效能感（Bandura，1977）。另外，工作重要性越高，越能体现组织对个体的信任，使得个体将较高地预判自身能力，即有较高的自我效能感。工作重要性形成的自我效能感会进而产生更多的建言行为（Frese et al.，1999）。

综上，可以提出以下假设。

H4：工作特征通过自我效能感的中介作用正向影响建言行为。

H4a：技能多样性通过自我效能感的中介作用正向影响建言行为。

H4b：任务完整性通过自我效能感的中介作用正向影响建言行为。

H4c：工作重要性通过自我效能感的中介作用正向影响建言行为。

H4d：工作自主性通过自我效能感的中介作用正向影响建言行为。

H4e：反馈通过自我效能感的中介作用正向影响建言行为。

H5：工作特征通过自我效能感的中介作用正向影响促进性建言。

H5a：技能多样性通过自我效能感的中介作用正向影响促进性建言。

H5b：任务完整性通过自我效能感的中介作用正向影响促进性建言。

H5c：工作重要性通过自我效能感的中介作用正向影响促进性建言。

H5d：工作自主性通过自我效能感的中介作用正向影响促进性建言。

H5e：反馈通过自我效能感的中介作用正向影响促进性建言。

H6：工作特征通过自我效能感的中介作用正向影响抑制性建言。

H6a：技能多样性通过自我效能感的中介作用正向影响抑制性建言。

H6b：任务完整性通过自我效能感的中介作用正向影响抑制性建言。

H6c：工作重要性通过自我效能感的中介作用正向影响抑制性建言。

H6d：工作自主性通过自我效能感的中介作用正向影响抑制性建言。

H6e：反馈通过自我效能感的中介作用正向影响抑制性建言。

3.2.3 组织支持感的调节作用

从理论上看，依据三元交互理论，个体与环境间有交互影响，环境可以影响个体的认知。依据个人—组织匹配理论中的需求—供给匹配，认为组织应尽量满足员工的需求、欲望和偏好，而实现员工与组织的匹配，进而对员工认知、态度、行为和绩效方面产生积极影响，如减少离职和增加组织公民行为、提高工作满意度等。由此可推测，组织为员工提供更多匹配员工需求的支持，可以提高员工的自我效能感，而这种匹配需求的支持，从员工的角度来看，就是其形成的组织支持感。学者相关研究方面，Bhanthumnavin（2003）在泰国的研究发现了组织支持感对绩效的正向影响，Miao（2011）、赵波与徐昳（2015）在中国的研究亦证实了组织支持感对工作绩效的显著正向影响。绩效提高的过程会形成更多的成功经验，而成功经验使得员工产生更高水平的自我效能感（Bandura，1977）。

然而，当员工的组织支持感较高时，员工会将完成任务的部分原因归因为组织的支持，即降低了工作特征对自我效能感的影响，相反，当组织支持感较低时，员工的业绩更多依赖自身努力，显然工作特征对自我效能感的影响会较高，因此可推测，组织支持感会部分替代工作特征产生的自我效能感，即组织支持感对于工作特征和自我效能感的关系有调节作用。另外，具体分析组织支持感对工作特征 5 个维度和自我效能感关系的调节作用。

第一，技能多样性，当组织支持感较低时，由于缺乏如岗位技能培训等支持，岗位对技能多样性的要求越高，员工越需要通过自身努力学习并掌握特定的技能去完成相应的工作，因此对自身完成工作能力的预期会增加，即自我效能感更高，而当组织对员工支持力度较大时，如提供更多的技能培训，使得员工通过培训掌握更多的技能，虽然员工同样顺利完成工作并形成自我效能感，显然员工会判断，能顺利完成工作更多依赖了组织的帮助而并非自己的能力，因此对于自身能完成某种工作的预期不会很高，即形成较低程度的自我效能感。

第二，任务完整性，当组织对员工的支持程度较高时，与组织支持程度较低的状态相比，员工会将任务完成更多归因为组织而非自身，因此任务完整性形成的自我效能感也会较低，因此推测组织支持感负向调节任务完整性对自我效能感的影响。

第三，工作重要性，当组织对员工的支持较差时，员工所在的工作岗位越重要，对企业应有支持的不足越有怨言，亦难以感受到自身被重视，但当任务完成时，员工越发会归因于自身的能力所致而非组织帮助，因此将形成较高程度的自我效能感，而当组织给予的支持较好时，员工岗位越重要则感受到的被重视程度越高，但对于完成任务的功劳，显然更容易归功于组织而非自身，因此其形成的自我效能感也较低。

第四，工作自主性，当组织的支持程度较低时，工作自主性越高，使得员工越有机会发挥自身能力去完成任务，因此产生较高的自我效能感，而当组织支持程度较高时，高自主性的工作虽然同样产生较高的自我效能感，但组织支持着工作各个环节，与组织支持较少的情形相比，使得员工对自身完成任务的能力有更低的预期。由此推测，组织支持感负向调节工作自主性对自我效能感的影响。

第五，反馈，依据凌文辁、杨海军与方俐洛（2006）的观点，组织支持感包含工作支持、关心员工利益，由此可以认为反馈将影响员工的组织支持感。因此，当引入组织支持感时，反馈对自我效能感的影响可能被组织支持感的作用替代而下降，即组织支持感高时，反馈对自我效能感的影响较小，而当组织支持感低时，反馈对自我效能感的影响较大，即组织支持感负向调节反馈对自我效能感的影响。

综上，提出以下假设。

H7：组织支持感负向调节工作特征对自我效能感的影响。

H7a：组织支持感负向调节技能多样性对自我效能感的影响。

H7b：组织支持感负向调节任务完整性对自我效能感的影响。

H7c：组织支持感负向调节工作重要性对自我效能感的影响。

H7d：组织支持感负向调节工作自主性对自我效能感的影响。

H7e：组织支持感负向调节反馈对自我效能感的影响。

3.2.4 工作投入的调节作用

从工作投入的概念即可知，工作投入对员工的工作能力、任务绩效以及伴随绩效而产生的自我效能感都可以有正面影响，学者的研究也实证了这些影响。Airila、Hakanen、Punakallio 等（2012）的研究发现工作投入对提高工作能力有显著正向影响。Bakker、Demerouti、Lieke（2012）研究发现工作投入对任务绩效有显著正向影响。De Waal 与 Pienaar（2013）发现工作投入可以提高心理资本。

在工作投入程度较高的情况下，个体会将完成各种任务的功劳归因于自身的努力，从而降低任务本身工作特征带来的自我效能感。而当个体的工作投入程度较低的情况下，个体能否顺利完成工作更多取决于任务的难易程度，工作特征对绩效乃至自我效能感的产生有重要影响。由此推测，工作投入负向调节工作特征对自我效能感的影响。

具体到工作特征的5个维度：第一，技能多样性，当员工的工作投入程度较高时，不管岗位需要的技能多少，员工均可以较好地完成任务，进而形成自我效能感，使得技能多样性对自我效能感的影响较小，相反，当员工的工作投入程度较低时，岗位技能多样性对自我效能感的影响则会较大，即工作投入负向调节技能多样性对自我效能感的影响；第二，任务完整性，当员工的工作投入程度较高时，较低完整性的任务依然可以产生较高的自我效能感，即任务完整性对自我效能感的影响程度不太明显，相反，当员工的工作投入程度较低时，完整性越高的任务产生的自我效能感也越高，即任务完整性对自我效能感的影响较为明显，由此可推测工作投入程度负向调节技能多样性对自我效能感的影响；第三，工作重要性，当员工的工作投入程度较低时，员工的自我效能感更多依赖外部评价，工作重要性显然会显著影响员工的自我效能感，而当员工的工作投入程度较高时，不管工作本身是否重要，员工对工作的认真负责，都会带来自我效能感的提升，使得工作重要性对自我效能感的影响效果减弱，即工作投入程度负向调节工作重要性对自我效能感的影响；第四，工作自主性，当员工的工作投入水平较高时，虽然工作自主性的增加会提升员工的自我效能感，但即使是工作自主性较低的工作，员工依然乐此不疲，即当员工的工作投入较高时，工作自主性对自我效能感的影响较小，相反，当员工的工作投入水平较低时，工作自主性对自我效能感的影响则较大，即工作投入负向调节工作自主性对自我效能感的影响；第五，反馈，当员工的工作投入程度较高时，员工自身对于工作方法和结果的关系会更加清晰，组织的反馈起到的作用显得比较有限，即员工工作投入程度较高时，反馈对自我效能感的影响较小，相反，当员工工作投入程度较低时，由于对工作方法和因果关系的模糊，组织的有效反馈会大大促进其绩效的提高和自我效能感的提升，即当员工工作投入程度较低时，反馈对自我效能感的影响较大，由此推测，工作投入负向调节反馈对自我效能感的影响。

综上，提出以下假设。

H8：工作投入负向调节工作特征对自我效能感的影响。

H8a：工作投入负向调节技能多样性对自我效能感的影响。

H8b：工作投入负向调节任务完整性对自我效能感的影响。

H8c：工作投入负向调节工作重要性对自我效能感的影响。

H8d：工作投入负向调节工作自主性对自我效能感的影响。

H8e：工作投入负向调节反馈对自我效能感的影响。

3.3　假设汇总和实证模型

本研究的假设汇总如表3－1所示，实证模型如图3－2所示。

表3－1　　研究假设汇总

序号	内容
H1	工作特征与建言行为正相关
H1a	技能多样性与建言行为正相关
H1b	任务完整性与建言行为正相关
H1c	工作重要性与建言行为正相关
H1d	工作自主性与建言行为正相关
H1e	反馈与建言行为正相关
H2	工作特征与促进性建言行为正相关
H2a	技能多样性与促进性建言行为正相关
H2b	任务完整性与促进性建言行为正相关
H2c	工作重要性与促进性建言行为正相关
H2d	工作自主性与促进性建言行为正相关
H2e	反馈与促进性建言行为正相关
H3	工作特征与抑制性建言行为正相关
H3a	技能多样性与抑制性建言行为正相关
H3b	任务完整性与抑制性建言行为正相关
H3c	工作重要性与抑制性建言行为正相关
H3d	工作自主性与抑制性建言行为正相关
H3e	反馈与抑制性建言行为正相关
H4	工作特征通过自我效能感的中介作用正向影响建言行为
H4a	技能多样性通过自我效能感的中介作用正向影响建言行为

续表

序号	内容
H4b	任务完整性通过自我效能感的中介作用正向影响建言行为
H4c	工作重要性通过自我效能感的中介作用正向影响建言行为
H4d	工作自主性通过自我效能感的中介作用正向影响建言行为
H4e	反馈通过自我效能感的中介作用正向影响建言行为
H5	工作特征通过自我效能感的中介作用正向影响促进性建言
H5a	技能多样性通过自我效能感的中介作用正向影响促进性建言
H5b	任务完整性通过自我效能感的中介作用正向影响促进性建言
H5c	工作重要性通过自我效能感的中介作用正向影响促进性建言
H5d	工作自主性通过自我效能感的中介作用正向影响促进性建言
H5e	反馈通过自我效能感的中介作用正向影响促进性建言
H6	工作特征通过自我效能感的中介作用正向影响抑制性建言
H6a	技能多样性通过自我效能感的中介作用正向影响抑制性建言
H6b	任务完整性通过自我效能感的中介作用正向影响抑制性建言
H6c	工作重要性通过自我效能感的中介作用正向影响抑制性建言
H6d	工作自主性通过自我效能感的中介作用正向影响抑制性建言
H6e	反馈通过自我效能感的中介作用正向影响抑制性建言
H7	组织支持感负向调节工作特征对自我效能感的影响
H7a	组织支持感负向调节技能多样性对自我效能感的影响
H7b	组织支持感负向调节任务完整性对自我效能感的影响
H7c	组织支持感负向调节工作重要性对自我效能感的影响
H7d	组织支持感负向调节工作自主性对自我效能感的影响
H7e	组织支持感负向调节反馈对自我效能感的影响
H8	工作投入负向调节工作特征对自我效能感的影响
H8a	工作投入负向调节技能多样性对自我效能感的影响
H8b	工作投入负向调节任务完整性对自我效能感的影响
H8c	工作投入负向调节工作重要性对自我效能感的影响
H8d	工作投入负向调节工作自主性对自我效能感的影响
H8e	工作投入负向调节反馈对自我效能感的影响

•技能多样性
•任务完整性
•工作重要性
•工作自主性
•反馈
工作特征
•组织支持感
H7
H7a
H7b
H7c
H7d
H7e
•工作投入
H8
H8a
H8b
H8c
H8d
H8e
•自我效能感
H4、H4a、H4b、H4c、H4d、
H4e、H5、H5a、H5b、H5c、
H5d、H5e、H6、H6a、H6b、
H6c、H6d、H6e
•抑制性建言
•促进性建言
建言行为
H1、H1a、H1b、H1c、H1d、H1e
H2、H2a、H2b、H2c、H2d、H2e
H3、H3a、H3b、H3c、H3d、H3e

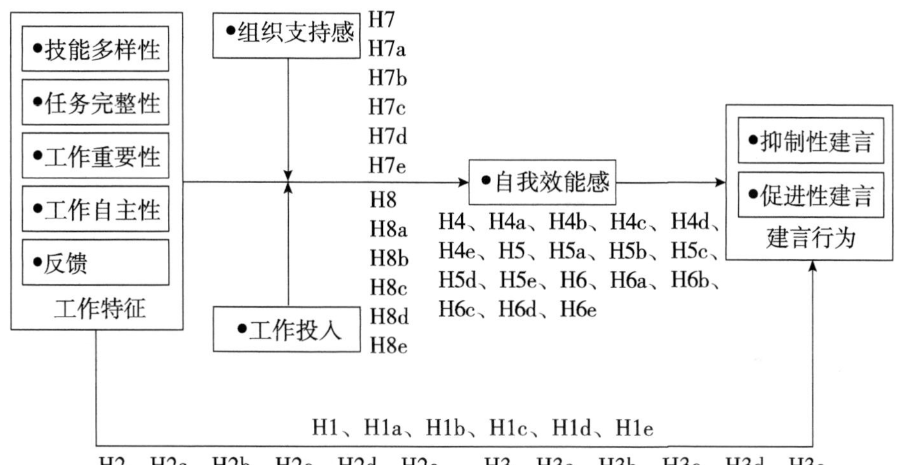

图 3－2 研究实证模型

4 研究设计与试测

4.1 变量定义

4.1.1 自变量

工作特征使用 Hackman 与 Oldham（1975）的定义，指一项工作或任务所具有的属性或特性，共包含技能多样性、任务完整性、工作重要性、工作自主性和反馈 5 个维度。除对每个维度单独测量外，使用 Hackman 与 Oldham（1976）提出的将 5 个维度合并计算得到的激励潜能分数（MPS）来代表工作特征总概念。

4.1.2 因变量

建言行为使用 Liang 与 Farh（2008）提出的定义：员工为应对工作的不良现状或难题而主动向管理者表达建设性观点的角色外行为。并按照 Liang 与 Farh（2008）的划分方法，将建言行为分为促进性建言和抑制性建言两个维度。

4.1.3 中介变量

结合 Maddux（1995）、Bandura（1997）以及 Stajkovic 与 Luthans（1998）的观点，将自我效能感定义为个体对自己能力的一种确切的信念，这种能力使个体在某个背景下为成功地完成某项特定任务，能够调动起必需的动机、认知资源与一系列行动。

4.1.4 调节变量

组织支持感使用 Eisenberger 等（1986）的定义：员工知觉到的组织对其贡献的评价、对其幸福感的关注，将形成员工对组织支持的整体认知，这种认知即为组织支持感。组织支持感包含两个要点：一是组织对员工贡献的认可，二是组织对员工幸福感的重视。这两点分别满足员工的被认可需求和社会情感需求。

工作投入的概念使用 Schaufeli 等（2002）给出的定义：工作投入是一种参与工作的积极、充实的情绪、认知和心理状态，包括活力、奉献和专注 3 个维度。

4.2 量表选择

4.2.1 工作特征量表

在工作特征的诸多量表中，应用最广泛的仍然是 Idaszak 与 Drasgow（1987）完成的 JDS－R 量表，因此，本研究亦采用该量表作为初始量表对工作特征各维度进行测量。整个量表共包括 5 个维度：技能多样性、任务完整性、工作重要性、工作自主性和反馈，每个维度是 3 道题，共 15 个题项。量表的记分均采用李克特 5 点评分法，每个数字代表该题项描述与事实相符的程度，其中“1”代表“完全不符合”、“2”代表“有点不符合”、“3”代表“不确定”、“4”代表“比较符合”、“5”代表“完全符合”。工作特征初始测量量表如表 4－1 所示。

4.2.2 建言行为量表

建言行为使用 Liang 等（2012）所修订的本土化二维建言行为初始量表，

表 4－1　　工作特征初始测量量表

编号	题项内容	维度
JC01	我的工作，需要使用多种复杂的技能	技能多样性
JC02	我有使用多种不同技能的机会，去完成多种不同的工作任务	
JC03	我的工作非常简单，具有重复性	
JC04	我有机会彻底完成一项由我开始做的工作	任务完整性
JC05	我的工作是一项完整的、能够识别的工作	
JC06	现在的工作安排，使我可以从头到尾完成一项完整的工作	
JC07	我的工作好坏，对公司的生存具有重要影响	工作重要性
JC08	我的工作能在多方面对别人的生活产生重要影响	
JC09	我工作完成的好坏，能够对许多同事的工作产生影响	
JC10	我可以自主决定如何完成我的工作	工作自主性
JC11	我的工作如何开展，可以由我全权决定	
JC12	我在工作中，可以自己决定怎么去做	
JC13	在完成一项工作后，我能够知道自己干得够不够好	反馈
JC14	在完成工作的过程中，有许多机会让我知道自己工作表现得怎么样	
JC15	在工作任务中，可以随时让我了解工作进展的情况	

资料来源：IDASZAK J R，DRASGOW F. A Revision of the Job Diagnostic Survey：Elimination of a Measurement Artifact［J］. Journal of Applied Psychology，1987，72（1）：69－74.

该量表共计 10 个题项，抑制性建言维度包括 5 个题项，促进性建言维度包括 5 个题项。量表的记分采用李克特 5 点评分法，每个数字代表该题项描述与事实相符的程度，其中“1”代表“完全不符合”、“2”代表“有点不符合”、“3”代表“不确定”、“4”代表“比较符合”、“5”代表“完全符合”。建言行为初始测量量表如表 4－2 所示。

表 4－2　　建言行为初始测量量表

编号	题项内容	维度
VB01	积极地提出会使公司受益的新方案	促进性
VB02	提出帮助公司达成目标的合理化建议	
VB03	提出改善公司运作的建设性意见	
VB04	就公司中可能出现的问题，提出自己的建议	
VB05	就改善公司工作程序积极地提出建议	
VB06	及时劝阻公司内其他员工影响工作效率的不良行为	抑制性
VB07	对公司会造成损失的严重问题，实话实说，即使其他人有不同意见	
VB08	对于公司中影响业绩的现象发表意见，不怕使人难堪	
VB09	当公司内部的工作出问题时，敢于指出，不怕得罪人	
VB10	积极向上级反映工作中出现的不协调问题	

资料来源：LIANG J，FARH C I C，FARH J L. Psychological Antecedents of Promotive and Prohibitive Voice：A Two－Wave Examination［J］. Academy of Management Journal，2012，55（1）：71－92.

4.2.3 自我效能感量表

自我效能感的初始测量，使用 Zhang 与 Schwarzer（1995）翻译 Jerusalem 与 Schwarzer（1979）开发的 10 题项一般自我效能感量表的中文版，该量表目前已被广泛采用和反复验证。同样，量表的记分采用李克特 5 点评分法，每个数字代表该题项描述与事实相符的程度，其中“1”代表“完全不符合”、“2”代表“有点不符合”、“3”代表“不确定”、“4”代表“比较符合”、“5”代表“完全符合”。自我效能感初始测量量表如表 4－3 所示。

表 4－3　　自我效能感初始测量量表

编号	题项内容
GSE01	如果我尽力去做的话，我总是能够解决难题的
GSE02	即使别人反对我，我仍有办法取得我所要的
GSE03	对我来说，坚持理想和达成目标轻而易举
GSE04	我自信能有效地应付任何突如其来的事情
GSE05	以我的才智，我定能应付意料之外的情况

续表

编号	题项内容
GSE06	如果我付出必要的努力，我一定能解决大多数的难题
GSE07	我能冷静面对困难，因为我信赖自己处理问题的能力
GSE08	面对一个难题时，我通常能找到几个解决方法
GSE09	有麻烦的时候，我通常能想到一些应付的方法
GSE10	无论什么事情发生在我身上，我都能够应付自如

资料来源：ZHANG J X，SCHWARZER R. Measuring Optimistic Self – Beliefs：A Chinese Adaptation of the General Self – Efficacy Scale［J］. Psychologia，1995，38（3）：174 – 181.

4.2.4 组织支持感量表

组织支持感的初始测量，使用 Farh，Hackett 与 Liang（2007）依据中国文化情景开发的 8 题项组织支持感量表。同样，量表的记分采用李克特 5 点评分法，每个数字代表该题项描述与事实相符的程度，其中“1”代表“完全不符合”、“2”代表“有点不符合”、“3”代表“不确定”、“4”代表“比较符合”、“5”代表“完全符合”。组织支持感初始测量量表如表 4 – 4 所示。

表 4 – 4　　组织支持感初始测量量表

编号	题项内容
OS01	这家公司会考虑我的意见
OS02	这家公司确实顾及我的福利
OS03	这家公司会考虑我个人的目标和价值观
OS04	当我有困难时，公司会帮助我
OS05	如果我因好心而做错事，公司会原谅我
OS06	如果有机会，公司就千方百计利用我
OS07	公司对我十分关怀
OS08	如果我有特别的需要，公司会给予帮助

资料来源：FARH J L，HACKETT R D，LIANG J. Individual – Level Cultural Values as Moderators of Perceived Organizational Support – Employee Outcome Relationships in China：Comparing the Effects of Power Distance and Traditionality［J］. Academy of Management Journal，2007，50（3）：715 – 729.

4.2.5 工作投入量表

对于工作投入的初始测量，使用 Schaufeli 等（2006）在 Schaufeli 与 Bakker（2003）开发的 17 题项 UWES 量表基础上简化得到的 UWES－9 版本，共 9 个题项，目前该版本量表在工作投入相关研究中应用最为广泛。同样，量表的记分采用李克特 5 点评分法，每个数字代表该题项描述与事实相符的程度，其中“1”代表“完全不符合”、“2”代表“有点不符合”、“3”代表“不确定”、“4”代表“比较符合”、“5”代表“完全符合”。工作投入初始测量量表如表 4－5 所示。

表 4－5　工作投入初始测量量表

编号	题项内容
WE01	工作时，我感到自己精力充沛
WE02	工作上，我感觉自己是强有力的
WE03	我很热爱我的工作
WE04	我的工作能够激励我
WE05	早上起床后，我很乐意去上班
WE06	当我专心工作时，我感到很快乐
WE07	我为我所做的工作感到自豪
WE08	我沉浸在我的工作中
WE09	当我工作的时候，会达到忘我的境界

资料来源：SCHAUFELI W B，BAKKER A B，SALANOVA M. The Measurement of Work Engagement with a Short Questionnaire：A Cross－National Study［J］. Educational and Psychological Measurement，2006，66（4）：701－716.

4.2.6 控制变量选择

参考以往相关研究，使用年龄、性别、最高学历、工作性质、在目前公司任职时长、与目前上司共事时长作为研究的控制变量。

4.3 问卷设计

问卷核心部分内容均以前述量表为准，控制变量部分参考相关研究问卷设计规则。为避免同源误差，采用上司、员工配对的方法收集数据，因此，问卷分为上司问卷和员工问卷。其中上司问卷测量因变量即员工的建言行为，为实现更好的区分度，每份上司问卷同时测评四位员工，以填写分数的形式进行；员工问卷测量自变量、中介变量、调节变量和控制变量即工作特征、自我效能感、组织支持感、工作投入、年龄、性别、最高学历等，以勾选分值的方式进行。

问卷使用编码记录配对信息。

为提高问卷填写质量并降低被试对题项理解的偏差，由研究人员到企业实地指导完成问卷填写和回收。问卷发放分为两个阶段：第一阶段为小样本试测，以检验问卷效度，完善问卷；第二阶段则使用完善后的问卷在较大范围内进行调查，其数据用于研究假设的检验。

4.4 试测与问卷修正

在进行正式调查之前，先小范围发放问卷以试测，依据试测结果对问卷进行项目分析、信度检验和效度检验，依据结果对问卷进行调整。

4.4.1 试测样本描述

研究的自变量为工作特征，对于同一家企业的相同岗位而言，客观上讲，其工作特征应十分近似至少是差异不大，因此，本研究的试测选择了研究人员所在城市市区多家企业的员工及其直接上司，共发放并回收问卷124份，剔除6份无效问卷，最终得到118份问卷，有效度约为95.2%，试测样本人口统计学情况如表4－6所示。

表 4－6　　试测样本人口统计学情况

属性		人数（个）	百分比（%）
性别	男	53	44.9
	女	65	55.1
年龄	25 岁及以下	62	52.5
	26～35 岁	40	33.9
	36～45 岁	13	11.0
	45 岁以上	3	2.6
最高学历	初中及以下	5	4.2
	高中或中专	20	17.0
	大学	87	73.7
	研究生	6	5.1
工作性质	一线生产	2	1.7
	行政/后勤人员	24	20.3
	销售人员	21	17.8
	技术/研发人员	10	8.5
	管理人员	25	21.2
	其他	36	30.5
在目前公司任职时长	半年以内	31	26.3
	半年至 1 年	24	20.3
	1 年至 3 年	32	27.1
	3 年至 5 年	15	12.7
	5 年以上	16	13.6
与目前上司共事时长	半年以内	37	31.4
	半年至 1 年	24	20.3
	1 年至 3 年	31	26.3
	3 年至 5 年	11	9.3
	5 年以上	15	12.7

4.4.2 试测分析结果

4.4.2.1 项目分析

按量表中测量的维度分别进行分析，参照吴明隆（2010）的项目分析方法，使用 SPSS19.0 进行分析：将题项分值加总后按前 27% 和后 27% 进行分组，使用独立样本 T 检验得到决断值及其显著性，以 *t* 值作为决断值，以 *Sig* 值判断显著性，决断值越大说明题项鉴别度越高，而未达显著的题项则应删除。结果如表 4－7 所示。

表 4－7 试测问卷项目分析结果

变量/维度	项目		平均数相等的 T 检验		
			t	自由度	*Sig.*（双侧）
技能多样性	JC01	假设方差相等	11.624	91	0.000
		假设方差不相等	10.813	57.825	0.000
	JC02	假设方差相等	9.660	91	0.000
		假设方差不相等	9.011	58.769	0.000
	JC03	假设方差相等	13.390	91	0.000
		假设方差不相等	12.334	54.586	0.000
任务完整性	JC04	假设方差相等	13.526	72	0.000
		假设方差不相等	13.829	45.190	0.000
	JC05	假设方差相等	12.169	72	0.000
		假设方差不相等	12.412	49.201	0.000
	JC06	假设方差相等	11.241	72	0.000
		假设方差不相等	11.347	66.298	0.000
工作重要性	JC07	假设方差相等	15.381	86	0.000
		假设方差不相等	14.777	65.233	0.000
	JC08	假设方差相等	13.363	86	0.000
		假设方差不相等	12.714	60.944	0.000

续表

变量/维度	项目		平均数相等的 T 检验		
			t	自由度	*Sig.*（双侧）
工作重要性	JC09	假设方差相等	9.741	86	0.000
		假设方差不相等	9.017	49.900	0.000
工作自主性	JC10	假设方差相等	13.092	76	0.000
		假设方差不相等	11.987	45.990	0.000
	JC11	假设方差相等	16.401	76	0.000
		假设方差不相等	16.325	65.727	0.000
	JC12	假设方差相等	13.092	76	0.000
		假设方差不相等	11.798	42.887	0.000
反馈	JC13	假设方差相等	10.943	75	0.000
		假设方差不相等	11.406	58.859	0.000
	JC14	假设方差相等	9.050	75	0.000
		假设方差不相等	9.383	62.977	0.000
	JC15	假设方差相等	11.493	75	0.000
		假设方差不相等	12.012	56.670	0.000
自我效能感	GSE01	假设方差相等	9.774	66	0.000
		假设方差不相等	9.774	53.022	0.000
	GSE02	假设方差相等	7.308	66	0.000
		假设方差不相等	7.308	64.957	0.000
	GSE03	假设方差相等	8.377	66	0.000
		假设方差不相等	8.377	62.150	0.000
	GSE04	假设方差相等	8.167	66	0.000
		假设方差不相等	8.167	64.387	0.000
	GSE05	假设方差相等	8.659	66	0.000
		假设方差不相等	8.659	65.103	0.000
	GSE06	假设方差相等	9.117	66	0.000
		假设方差不相等	9.117	51.722	0.000

续表

变量/维度	项目		平均数相等的 T 检验		
			t	自由度	*Sig.*（双侧）
自我效能感	GSE07	假设方差相等	9.838	66	0.000
		假设方差不相等	9.838	57.604	0.000
	GSE08	假设方差相等	10.997	66	0.000
		假设方差不相等	10.997	57.707	0.000
	GSE09	假设方差相等	7.804	66	0.000
		假设方差不相等	7.804	51.434	0.000
	GSE10	假设方差相等	8.750	66	0.000
		假设方差不相等	8.750	65.985	0.000
工作投入	WE01	假设方差相等	11.465	66	0.000
		假设方差不相等	11.314	52.812	0.000
	WE02	假设方差相等	8.078	66	0.000
		假设方差不相等	8.025	61.239	0.000
	WE03	假设方差相等	13.297	66	0.000
		假设方差不相等	13.110	51.665	0.000
	WE04	假设方差相等	11.703	66	0.000
		假设方差不相等	11.528	50.399	0.000
	WE05	假设方差相等	10.778	66	0.000
		假设方差不相等	10.632	52.436	0.000
	WE06	假设方差相等	10.301	66	0.000
		假设方差不相等	10.067	39.777	0.000
	WE07	假设方差相等	12.772	66	0.000
		假设方差不相等	12.651	57.835	0.000
	WE08	假设方差相等	14.939	66	0.000
		假设方差不相等	14.723	51.111	0.000
	WE09	假设方差相等	9.921	66	0.000
		假设方差不相等	9.827	57.853	0.000

续表

变量/维度	项目		平均数相等的 T 检验		
			t	自由度	*Sig.*（双侧）
组织支持感	OS01	假设方差相等	8.857	71	0.000
		假设方差不相等	8.753	62.786	0.000
	OS02	假设方差相等	10.443	71	0.000
		假设方差不相等	10.276	58.430	0.000
	OS03	假设方差相等	12.449	71	0.000
		假设方差不相等	12.291	61.825	0.000
	OS04	假设方差相等	11.909	71	0.000
		假设方差不相等	11.781	63.648	0.000
	OS05	假设方差相等	10.295	71	0.000
		假设方差不相等	10.215	66.231	0.000
	OS06	假设方差相等	0.724	71	0.471
		假设方差不相等	0.733	67.925	0.466
	OS07	假设方差相等	11.712	71	0.000
		假设方差不相等	11.567	62.137	0.000
	OS08	假设方差相等	10.125	71	0.000
		假设方差不相等	9.970	59.123	0.000
促进性建言	VB01	假设方差相等	12.827	74	0.000
		假设方差不相等	11.939	47.962	0.000
	VB02	假设方差相等	13.086	74	0.000
		假设方差不相等	12.111	46.570	0.000
	VB03	假设方差相等	11.612	74	0.000
		假设方差不相等	11.180	56.808	0.000
	VB04	假设方差相等	12.686	74	0.000
		假设方差不相等	12.206	56.636	0.000
	VB05	假设方差相等	13.446	74	0.000
		假设方差不相等	12.865	55.121	0.000

续表

变量/维度	项目		平均数相等的 T 检验		
			t	自由度	*Sig.*（双侧）
抑制性建言	VB06	假设方差相等	11.109	79	0.000
		假设方差不相等	11.044	63.618	0.000
	VB07	假设方差相等	11.018	79	0.000
		假设方差不相等	10.959	65.515	0.000
	VB08	假设方差相等	9.751	79	0.000
		假设方差不相等	9.714	71.295	0.000
	VB09	假设方差相等	10.381	79	0.000
		假设方差不相等	10.336	69.105	0.000
	VB10	假设方差相等	8.696	79	0.000
		假设方差不相等	8.642	62.218	0.000

表4-7中组织支持感的第6题（OS06：如果有机会，公司就千方百计利用我）的 *Sig* 值为0.471，大于0.05，因此该题项删除，此题为反向题，可能是由于被试答题时疏忽或因答题时惯性思维而受到前面题项态度的影响。除OS06外，其他题项的 *Sig* 值均小于0.01，即均在0.01的水平上显著，另外从各题项的 *t* 值判断，均具有较高的鉴别度，无须删除。

4.4.2.2 信度检验

信度检验用于对量表一致性或稳定性的检测，参照吴明隆（2010）的信度检验方法，使用SPSS19.0进行分析：对于李克特量表的信度估计，多采用克隆巴赫 α 系数。如果某题项删除后量表的整体信度系数高出许多，则说明该题项与其他题项测量的属性或特质可能不相同，应考虑将此题项删除。试测问卷信度检验结果如表4-8所示。

表 4-8 试测问卷信度检验结果

量表/维度	题项	修正后项目总相关系数	项目删除后的α值	α值
技能多样性	JC01	0.716	0.648	0.800
	JC02	0.493	0.872	
	JC03	0.743	0.617	
任务完整性	JC04	0.705	0.795	0.845
	JC05	0.771	0.726	
	JC06	0.672	0.825	
工作重要性	JC07	0.665	0.759	0.818
	JC08	0.713	0.707	
	JC09	0.640	0.781	
工作自主性	JC10	0.694	0.810	0.848
	JC11	0.754	0.752	
	JC12	0.702	0.802	
反馈	JC13	0.815	0.860	0.904
	JC14	0.757	0.907	
	JC15	0.862	0.816	
自我效能感	GSE01	0.633	0.918	0.922
	GSE02	0.607	0.919	
	GSE03	0.612	0.919	
	GSE04	0.708	0.913	
	GSE05	0.708	0.914	
	GSE06	0.763	0.910	
	GSE07	0.786	0.909	
	GSE08	0.803	0.908	
	GSE09	0.767	0.910	
	GSE10	0.670	0.915	

续表

量表/维度	题项	修正后项目总相关系数	项目删除后的 α 值	α 值
工作投入	WE01	0. 819	0. 930	0. 940
	WE02	0. 695	0. 937	
	WE03	0. 814	0. 930	
	WE04	0. 823	0. 930	
	WE05	0. 739	0. 935	
	WE06	0. 756	0. 934	
	WE07	0. 809	0. 931	
	WE08	0. 851	0. 928	
	WE09	0. 670	0. 940	
组织支持感	OS01	0. 686	0. 844	初始 0. 868 最终 0. 924
	OS02	0. 733	0. 838	
	OS03	0. 790	0. 832	
	OS04	0. 792	0. 832	
	OS05	0. 740	0. 838	
	OS06	-0. 101	0. 924（删除）	
	OS07	0. 790	0. 833	
	OS08	0. 678	0. 845	
促进性建言	VB01	0. 753	0. 919	0. 925
	VB02	0. 881	0. 893	
	VB03	0. 779	0. 914	
	VB04	0. 822	0. 906	
	VB05	0. 800	0. 909	
抑制性建言	VB06	0. 756	0. 877	0. 900
	VB07	0. 783	0. 871	
	VB08	0. 730	0. 883	
	VB09	0. 788	0. 870	
	VB10	0. 702	0. 888	

从表 4 - 8 可知，组织支持感量表若删除第 6 题，其 α 值将从 0.868 上升到 0.924，因此该题项应删除。且从第 6 题的总相关系数为 - 0.101 来看，也应删除。

按照吴明隆（2003，2010）的观点，一般的量表 α 系数最好在 0.70 以上，而一份信度理想的量表，其 α 系数应大于等于 0.800，本研究所选量表信度均达理想量表水平。

4.4.2.3 效度检验

采用因素分析法判断量表的效度，参考 Gorsuch（1983）的观点：检验量表的题项与被试的比例最好为 1∶5 且被试总样本不少于 100 人，本研究的试测样本数量符合要求。使用 SPSS19.0 进行数据分析，参照吴明隆（2010）的观点：量表的取样适当性量数（KMO）的值介于 0 ~ 1，其值越大则越适合进行因素分析，如 KMO 值小于 0.5 则不宜进行因素分析；Bartlett's 球形检验（巴特利特球形检验）达显著性水平方可进行因素分析；题项的取样适当性量数（MSA）值小于 0.5，则该题项不适宜进行因素分析；题项使用主成分分析法抽取主成分后的共同性低于 0.20，则可将该题项删除；题项使用主成分分析法得到的因素载荷应大于 0.50，否则应删除。试测问卷效度检验结果如表 4 - 9 所示。

表 4 - 9　　试测问卷效度检验结果

量表/维度	题项	*MSA*	共同性	因素负荷	*KMO*	*Sig.*
技能多样性	JC01	0.603	0.799	0.906	0.639	0.000
	JC02	0.852	0.529	0.894		
	JC03	0.596	0.820	0.727		
任务完整性	JC04	0.723	0.754	0.906	0.711	0.000
	JC05	0.664	0.821	0.869		
	JC06	0.762	0.723	0.850		
工作重要性	JC07	0.718	0.727	0.881	0.710	0.000
	JC08	0.676	0.776	0.853		
	JC09	0.746	0.702	0.838		

续表

量表/维度	题项	*MSA*	共同性	因素负荷	*KMO*	*Sig.*
工作自主性	JC10	0.750	0.745	0.897	0.723	0.000
	JC11	0.687	0.804	0.868		
	JC12	0.740	0.753	0.863		
反馈	JC13	0.718	0.845	0.943	0.725	0.000
	JC14	0.820	0.785	0.919		
	JC15	0.667	0.890	0.886		
自我效能感	GSE01	0.963	0.498	0.855	0.919	0.000
	GSE02	0.920	0.459	0.840		
	GSE03	0.924	0.461	0.824		
	GSE04	0.924	0.592	0.821		
	GSE05	0.902	0.588	0.769		
	GSE06	0.920	0.675	0.767		
	GSE07	0.923	0.706	0.738		
	GSE08	0.901	0.730	0.706		
	GSE09	0.889	0.678	0.679		
	GSE10	0.951	0.544	0.677		
工作投入	WE01	0.855	0.748	0.886	0.902	0.000
	WE02	0.858	0.577	0.867		
	WE03	0.906	0.741	0.865		
	WE04	0.907	0.751	0.861		
	WE05	0.946	0.637	0.852		
	WE06	0.873	0.659	0.812		
	WE07	0.924	0.726	0.798		
	WE08	0.923	0.785	0.759		
	WE09	0.936	0.541	0.735		
组织支持感	OS01	0.923	0.616	0.881	0.907	0.000
	OS02	0.904	0.639	0.858		
	OS03	0.886	0.736	0.847		
	OS04	0.907	0.776	0.832		
	OS05	0.918	0.693	0.805		
	OS07	0.939	0.718	0.800		
	OS08	0.875	0.647	0.785		

续表

量表/维度	题项	*MSA*	共同性	因素负荷	*KMO*	*Sig.*
促进性建言	VB01	0.920	0.703	0.928	0.843	0.000
	VB02	0.839	0.860	0.892		
	VB03	0.857	0.734	0.880		
	VB04	0.808	0.796	0.857		
	VB05	0.812	0.775	0.838		
抑制性建言	VB06	0.779	0.721	0.870	0.808	0.000
	VB07	0.815	0.755	0.869		
	VB08	0.860	0.687	0.849		
	VB09	0.771	0.757	0.829		
	VB10	0.827	0.653	0.808		

从表4-9可知，量表均适宜进行因素分析，分析结果显示各题项均满足效度要求，无须删除。

5　数据分析与假设检验

5.1　样本描述与初步检验

5.1.1　样本描述性统计

问卷调查选择了研究人员所在省份的多家企业的员工及其直接上司，共发放问卷 482 份，收回 459 份，剔除 22 份无效问卷，最终得到 437 份问卷，有效度约为 90.7%，正式调查样本人口统计学情况如表 5－1 所示。

表 5－1　　正式调查样本人口统计学情况

属性		人数（个）	百分比（%）
性别	男	173	39.6
	女	264	60.4
年龄	25 岁及以下	219	50.1
	26～35 岁	159	36.4
	36～45 岁	53	12.1
	45 岁以上	6	1.4
最高学历	初中及以下	11	2.5
	高中或中专	155	35.5
	大学	235	53.8
	研究生	36	8.2

续表

属性		人数（个）	百分比（%）
工作性质	一线生产	55	12.6
	行政/后勤人员	102	23.3
	销售人员	158	36.2
	技术/研发人员	22	5.0
	管理人员	44	10.1
	其他	56	12.8
在目前公司任职时长	半年以内	74	16.9
	半年至1年	147	33.6
	1年至3年	116	26.5
	3年至5年	35	8.0
	5年以上	65	14.9
与目前上司共事时长	半年以内	111	25.4
	半年至1年	150	34.3
	1年至3年	117	26.8
	3年至5年	31	7.1
	5年以上	28	6.4

将相关题项分数进行统计，变量分别取对应题项分值的平均值。激励潜能分数依据式2－1计算得到。对各变量进行描述性统计，各变量描述性统计信息如表5－2所示。

表5－2　　　　各变量描述性统计信息

	N	极小值	极大值	均值	标准差	方差
技能多样性	437	1	5	3.2563	0.8752	0.7660
任务完整性	437	1	5	3.7201	0.8031	0.6450
工作重要性	437	1	5	3.5423	0.8478	0.7187
工作自主性	437	1	5	3.3043	1.0213	1.0430
反馈	437	1	5	3.7918	0.8136	0.7116

续表

	N	极小值	极大值	均值	标准差	方差
激励潜能分数	437	1	125	48.2771	27.5674	759.9621
自我效能感	437	1	5	3.5474	0.6584	0.4335
工作投入	437	1	5	3.8546	0.6762	0.4572
组织支持感	437	1	5	3.4881	0.7426	0.5515
建言	437	1	5	3.5595	0.7294	0.5320

5.1.2 共线性检验

考虑到各变量进行回归分析时，变量间应避免共线性问题，参照吴明隆（2013）提出的变量相关系数小于 0.7 可认为不存在共线性问题。因此，使用相关性分析来检测变量间的共线性情况。由于工作性质为定类变量且类型超过两个，不能与其他变量进行相关性分析，因此首先对比分析各工作性质对自我效能感与建言行为的数据情况，如表 5－3 所示。

表 5－3　工作性质对自我效能感和建言行为影响的方差分析

变量	工作性质	样本数（份）	均值	均值差异检验	
				F 值	*Sig.*
自我效能感	一线生产	55	3.52	6.785	0.000
	行政/后勤人员	102	3.42		
	销售人员	158	3.54		
	技术/研发人员	22	3.30		
	管理人员	44	4.04		
	其他	56	3.56		
建言行为	一线生产	55	3.11	7.355	0.000
	行政/后勤人员	102	3.56		
	销售人员	158	3.70		
	技术/研发人员	22	3.35		
	管理人员	44	3.80		
	其他	56	3.48		

表 5－4　　变量相关性分析结果

	年龄	性别	最高学历	管理	在目前公司任职时长	与目前上司共事时长	技能多样性	任务完整性	工作重要性	工作自主性	反馈	自我效能感	工作投入	组织支持感	促进性建言	抑制性建言	建言行为
年龄	1																
性别	-0.043	1															
最高学历	0.060	-0.044	1														
管理	0.332**	-0.072	0.268**	1													
在目前公司任职时长	0.543**	0.030	0.194**	0.306**	1												
与目前上司共事时长	0.484**	0.030	0.202**	0.308**	0.752**	1											
技能多样性	0.135**	-0.09	0.105*	0.195**	0.284**	0.252**	(0.800)										
任务完整性	0.163**	0.000	0.050	0.153**	0.241**	0.196**	0.454**	(0.845)									
工作重要性	0.071	-0.030	0.000	0.174*	0.073	0.148**	0.288**	0.544**	(0.818)								
工作自主性	0.315**	0.000	0.000	0.152**	0.256**	0.247**	0.393**	0.618**	0.460**	(0.848)							
反馈	0.256**	0.095*	-0.060	0.144**	0.234**	0.235**	0.373**	0.582**	0.532**	0.577**	(0.904)						
自我效能感	0.300**	-0.090	0.080	0.249**	0.258**	0.275**	0.457**	0.610**	0.521**	0.680**	0.635**	(0.922)					
工作投入	0.139**	0.090	-0.149**	0.089	0.090	0.110*	0.257**	0.447**	0.398**	0.438**	0.449**	0.551**	(0.940)				
组织支持感	0.025	-0.070	0.030	0.109*	0.052	0.082	0.199**	0.411**	0.442**	0.444**	0.372**	0.501**	0.606**	(0.924)			
促进性建言	0.178**	0.101*	0.107*	0.153*	0.088	0.080	0.210**	0.179**	0.211**	0.206**	0.271**	0.328**	0.300**	0.248**	(0.925)		
抑制性建言	0.152**	0.131**	0.020	0.047	0.083	0.046	0.126**	0.156**	0.145**	0.183**	0.171**	0.285**	0.380**	0.259**	0.616**	(0.900)	
建言行为	0.184**	0.129**	0.070	0.112*	0.096*	0.071	0.188**	0.187**	0.199**	0.217**	0.247**	0.342**	0.377**	0.282**	0.904**	0.894**	(0.943)

注：* 在0.05水平（双侧）上显著相关，** 在0.01水平（双侧）上显著相关，对角线为信度值。

依据表5－3可知，管理人员在自我效能感与建言方面得分最高，因此设置管理虚拟变量，为管理人员工作性质的虚拟变量赋值为1，非管理岗位类型的虚拟变量赋值为0。使用管理虚拟变量代替工作性质与其他变量进行相关性分析。变量相关性分析结果如表5－4所示。

从表5－4可知，人口统计学变量与其他变量间相关性均小于0.7，自变量、中介变量、调节变量、因变量间相关性亦均小于0.7，即不存在共线性问题，可以进行回归分析。

人口统计学变量中的在目前公司任职时长和与目前上司共事时长的相关性为0.752，依据两变量与建言的相关性强弱，舍去“与目前上司共事时长”变量。

5.2 控制变量分析

问卷选择了性别、年龄、最高学历、工作性质、在目前公司任职时长、与目前上司共事时长为人口统计学变量，虽然有研究显示性别、最高学历、工作性质等变量对于建言行为有影响，但为保证研究结果的稳健，仍对人口统计学变量是否合适作为控制变量进行分析。考虑到涉及控制变量的回归分析情况，将人口统计学变量中除“与目前上司共事时长”外的变量对中介变量和因变量影响情况进行分析。

5.2.1 性别的影响分析

使用独立样本T检验，分析不同性别在自我效能感和建言行为方面是否有显著差异，结果如表5－5所示。

对表5－5中的结果，使用方差齐次检验和均值t检验的Sig值联合判断可知，性别对建言行为有显著影响，因此在假设检验的回归分析中，应将性别作为控制变量。

表 5－5　　性别对自我效能感和建言行为影响检验

变量		方差齐次检验		均值 *t* 检验				
		F	*Sig.*	*t*	自由度	*Sig.*（双侧）	均值差值	标准误差值
自我效能感	假设方差相等	0.04	0.85	1.841	436	0.066	0.1184	0.0643
	假设方差不相等			1.827	358	0.069	0.1184	0.0648
建言行为	假设方差相等	0.57	0.45	－2.713	436	0.007	－0.1926	0.0710
	假设方差不相等			－2.709	366	0.007	－0.1926	0.0711

5.2.2　年龄的影响分析

使用单因素方差分析来判断年龄对自我效能感和建言行为的影响，结果如表 5－6 所示。

表 5－6　　年龄对自我效能感和建言行为影响的方差分析

变量	年龄	样本数（份）	均值	均值差异检验	
				F 值	*Sig.*
自我效能感	25 岁及以下	219	3.36	14.896	0.000
	26～35 岁	159	3.69		
	36～45 岁	53	3.84		
	45 岁以上	6	4.18		
建言行为	25 岁及以下	219	3.43	5.355	0.001
	26～35 岁	159	3.65		
	36～45 岁	53	3.74		
	45 岁以上	6	4.10		

由表 5－6 结果可知，年龄对员工的自我效能感和建言行为有显著影响，年龄越大，则员工的自我效能感越强，同时其建言行为越多。因此，在假设检验的回归分析中，年龄应作为控制变量。

5.2.3　学历的影响分析

使用单因素方差分析来判断学历对自我效能感和建言行为的影响，结果如表5－7所示。

表5－7　学历对自我效能感和建言行为影响的方差分析

变量	学历	样本数（份）	均值	均值差异检验	
				F 值	*Sig.*
自我效能感	初中及以下	11	3.53	3.772	0.011
	高中或中专	155	3.56		
	大学	235	3.49		
	研究生	36	3.89		
建言行为	初中及以下	11	3.30	0.784	0.503
	高中或中专	155	3.55		
	大学	235	3.55		
	研究生	36	3.68		

由表5－7可知，不同学历的自我效能感有显著差异，因此学历作为控制变量参与回归分析。

5.2.4　工作性质的影响分析

使用独立样本T检验，分析代表工作性质的管理变量不同得分组在自我效能感和建言行为方面是否有显著差异，结果如表5－8所示。

表5－8　管理对自我效能感和建言行为影响检验

变量		方差齐次检验		均值 *t* 检验				
		F	*Sig.*	*t*	自由度	*Sig.*（双侧）	均值差值	标准误差值
自我效能感	假设方差相等	0.004	0.952	5.371	436.000	0.000	0.546	0.10165
	假设方差不相等			4.689	50.070	0.000	0.546	0.11645
建言行为	假设方差相等	0.727	0.394	2.363	436.000	0.019	0.273	0.11566
	假设方差不相等			2.108	50.479	0.040	0.273	0.12967

对表5－8中的结果，使用方差齐次检验和均值 *t* 检验的 *Sig* 值联合判断可知，管理虚拟变量得分对自我效能感和建言行为都有显著影响，因此

在假设检验的回归分析中，应将管理作为控制变量。

5.2.5　现公司任职时长的影响分析

使用单因素方差分析来判断在目前公司任职时长对自我效能感和建言行为的影响，结果如表5－9所示。

表5－9　在目前公司任职时长对自我效能感和建言行为影响的方差分析

变量	任职时长	样本数（份）	均值	均值差异检验	
				F 值	*Sig.*
自我效能感	半年以内	74	3.32	8.298	0.000
	半年至1年	147	3.44		
	1年至3年	116	3.60		
	3年至5年	35	3.86		
	5年以上	65	3.80		
建言行为	半年以内	74	3.54	1.513	0.197
	半年至1年	147	3.46		
	1年至3年	116	3.58		
	3年至5年	35	3.67		
	5年以上	65	3.70		

由表5－9可知，员工在目前公司任职的时长显著影响其自我效能感，任职越长则建言行为越多，因此在目前公司任职时长应作为控制变量参与回归分析。

5.3　假设检验

5.3.1　自我效能感中介作用的检验

按照Baron、Kenny（巴伦、肯尼，1986）对于中介效应的观点，若变量 X 满足三个条件，则可认为变量 X 通过变量 M 的中介作用影响到变量

Y：首先是变量 X 的变化能解释变量 Y 的变化；其次是变量 M 的变化能解释变量 Y 的变化；最后是当控制变量 M 对变量 Y 的影响后，变量 X 对变量 Y 的影响为 0 或者显著降低，为 0 时称为完全中介，显著降低时称为部分中介。由于中介效应的检验包含了因果效应的检验，因此在验证假设 H4、H5、H6 的同时，也对假设 H1、H2、H3 进行了检验。依据假设 H4 的内容，将建言行为作为因变量，将技能多样性、任务完整性、工作重要性、工作自主性、反馈、激励潜能分数作为自变量，将性别、年龄、技术与管理、在目前公司任职时长作为控制变量，将自我效能感作为中介变量，使用 SPSS19.0 进行线性回归分析。

M1 为建言行为对控制变量的回归，M2 为考虑控制变量影响下建言行为对自变量的回归，M3 为考虑控制变量影响下建言行为对中介变量的回归，M4 为考虑控制变量和中介变量影响下建言行为对自变量的回归，M5 为考虑控制变量影响下自我效能感对自变量的回归。自我效能感在技能多样性、任务完整性、工作重要性、工作自主性、反馈以及工作特征与建言行为关系中的中介作用检验结果如表 5－10 至表 5－15 所示。

表 5－10　自我效能感在技能多样性与建言行为之间中介作用检验

	因变量:建言行为				因变量:自我效能感
	M1	M2	M3	M4	M5
控制变量					
年龄	－0.058**	0.198**	0.126*	0.134*	0.208**
性别	－0.087**	0.161**	0.169**	0.172**	－0.038
最高学历	0.038	0.030	0.042	0.040	－0.032
管理	0.113	0.040	0.011	0.008	0.106*
在目前公司任职时长	0.276	－0.087	－0.074	－0.088	0.003
自变量					
技能多样性		0.189**		0.064	0.408**

续表

	因变量:建言行为				因变量:自我效能感
	M1	M2	M3	M4	M5
中介变量					
自我效能感			0.332**	0.306**	
R^2	0.058**	0.090**	0.155**	0.158**	0.277**
ΔR^2	0.048**	0.078**	0.096**	0.003	0.149**
F	5.359**	7.125**	13.146**	11.504**	27.523**
ΔF	5.359**	15.085**	49.098**	1.555	88.660**

注:* 在0.05水平(双侧)上显著相关,** 在0.01水平(双侧)上显著相关。

表5-11　自我效能感在任务完整性与建言行为之间中介作用检验

	因变量:建言行为				因变量:自我效能感
	M1	M2	M3	M4	M5
控制变量					
年龄	-0.058**	0.183**	0.126*	0.122*	0.170**
性别	-0.087**	0.144**	0.169**	0.170**	-0.073*
最高学历	0.038	0.039	0.042	0.042	-0.010
管理	0.113	0.048	0.011	0.011	0.103*
在目前公司任职时长	0.276	-0.069	-0.074	-0.069	0.001
自变量					
任务完整性		0.164**		-0.037	0.567**
中介变量					
自我效能感			0.332**	0.355**	
R^2	0.058**	0.084**	0.155**	0.156**	0.428**
ΔR^2	0.048**	0.071**	0.096**	0.001	0.300**
F	5.359**	6.555**	13.146**	11.313**	53.847**
ΔF	5.359**	11.863**	49.098**	0.421**	226.341**

注:* 在0.05水平(双侧)上显著相关,** 在0.01水平(双侧)上显著相关。

表 5-12　自我效能感在工作重要性与建言行为之间中介作用检验

	因变量:建言行为				因变量:自我效能感
	M1	M2	M3	M4	M5
控制变量					
年龄	-0.058**	0.188**	0.126*	0.129*	0.187**
性别	-0.087**	0.148**	0.169**	0.168**	-0.063
最高学历	0.038	0.053	0.042	0.045	0.024
管理	0.113	0.026	0.011	0.007	0.060
在目前公司任职时长	0.276	-0.042	-0.074	-0.073	0.099*
自变量					
工作重要性		0.189**		0.036	0.489**
中介变量					
自我效能感			0.332**	0.313**	
R^2	0.058**	0.093**	0.155**	0.156**	0.359**
ΔR^2	0.048**	0.034**	0.096**	0.001	0.230**
F	5.359**	7.351**	13.146**	11.321**	40.169**
ΔF	5.359**	16.359**	49.098**	0.469	154.801**

注:* 在 0.05 水平(双侧)上显著相关,** 在 0.01 水平(双侧)上显著相关。

表 5-13　自我效能感在工作自主性与建言行为之间中介作用检验

	因变量:建言行为				因变量:自我效能感
	M1	M2	M3	M4	M5
控制变量					
年龄	-0.058**	0.145*	0.126*	0.133*	0.032
性别	-0.087**	0.143**	0.169**	0.172**	-0.078*
最高学历	0.038	0.044	0.042	0.041	0.008
管理	0.113	0.053	0.011	0.008	0.121**
在目前公司任职时长	0.276	-0.056	-0.074	-0.071	0.039

续表

	因变量:建言行为				因变量:自我效能感
	M1	M2	M3	M4	M5
自变量					
工作自主性		0.177**		-0.062	0.641**
中介变量					
自我效能感			0.332**	0.373**	
R^2	0.058**	0.074**	0.155**	0.157**	0.493**
ΔR^2	0.048**	0.028**	0.096**	0.002	0.365**
F	5.359**	6.779**	13.146**	11.413**	69.939**
ΔF	5.359**	13.127**	49.098**	1.013	310.508**

注:* 在0.05水平（双侧）上显著相关,** 在0.01水平（双侧）上显著相关。

表5-14　　自我效能感在反馈与建言行为之间中介作用检验

	因变量:建言行为				因变量:自我效能感
	M1	M2	M3	M4	M5
控制变量					
年龄	-0.058**	0.152**	0.126*	0.125*	0.084
性别	-0.087**	0.124**	0.169**	0.167**	-0.132**
最高学历	0.038	0.060	0.042	0.044	0.051
管理	0.113	0.044	0.011	0.011	0.100*
在目前公司任职时长	0.276	-0.063	-0.074	-0.074	0.034
自变量					
反馈		0.209**		0.012	0.606**
中介变量					
自我效能感			0.332**	0.325**	
R^2	0.058**	0.085**	0.155**	0.155**	0.458**
ΔR^2	0.048**	0.039**	0.096**	0.000	0.330**
F	5.359**	7.764**	13.146**	11.248**	60.768**
ΔF	5.359**	18.694**	49.098**	0.039	267.540**

注:* 在0.05水平（双侧）上显著相关,** 在0.01水平（双侧）上显著相关。

表 5-15　　自我效能感在工作特征与建言行为之间中介作用检验

	因变量:建言行为				因变量:自我效能感
	M1	M2	M3	M4	M5
控制变量					
年龄	-0.058**	0.140*	0.126*	0.126*	0.040
性别	-0.087**	0.138**	0.169**	0.169**	-0.092*
最高学历	0.038	0.048	0.042	0.042	0.018
管理	0.113	0.035	0.011	0.011	0.069*
在目前公司任职时长	0.276	-0.068	-0.074	-0.073	0.015
自变量					
激励潜能分数		0.235**		-0.009	0.721**
中介变量					
自我效能感			0.332**	0.339**	
R^2	0.058**	0.107**	0.155**	0.155**	0.583**
ΔR^2	0.048**	0.048**	0.096**	0.000	0.455**
F	5.359**	8.596**	13.146**	11.244**	100.497**
ΔF	5.359**	23.397**	49.098**	0.017	470.336**

注:* 在 0.05 水平（双侧）上显著相关,** 在 0.01 水平（双侧）上显著相关。

由表 5-10 至表 5-15 内容可知：在控制了人口统计学变量影响以后，工作特征及其技能多样性、任务完整性、工作重要性、工作自主性、反馈均显著影响员工的建言行为，因此，假设 H1 及其子假设均得到验证，即工作特征与建言行为正相关；在控制了人口统计学变量影响以后，工作特征仍通过自我效能感的中介作用正向影响建言行为。工作特征及其技能多样性、任务完整性、工作重要性、工作自主性、反馈均是通过自我效能感的完全中介影响建言行为，即假设 H4 及其子假设均得到了验证。

依据假设 H5 的内容，将促进性建言作为因变量，将技能多样性、任务完整性、工作重要性、工作自主性、反馈、激励潜能分数作为自变量，将性别、年龄、技术与管理、在目前公司任职时长作为控制变量，将自我效能感作为中介变量，使用 SPSS19.0 进行线性回归分析。

M1 为促进性建言对控制变量的回归，M2 为考虑控制变量影响下促进性建言对自变量的回归，M3 为考虑控制变量影响下促进性建言对自我效能感的回归，M4 为考虑控制变量和中介变量影响下促进性建言对自变量的回归，M5 为考虑控制变量影响下自我效能感对自变量的回归。自我效能感在技能多样性、任务完整性、工作重要性、工作自主性、反馈以及工作特征与促进性建言关系中的中介作用检验结果如表 5－16 至表 5－21 所示。

表 5－16　自我效能感在技能多样性与促进性建言之间中介作用检验

	因变量:促进性建言				因变量:自我效能感
	M1	M2	M3	M4	M5
控制变量					
年龄	0.175**	0.187**	0.118*	0.130*	0.208**
性别	0.121*	0.139**	0.144**	0.149**	－0.038
最高学历	0.069	0.061	0.074	0.070	－0.032
管理	0.101	0.078	0.054	0.049	0.106*
在目前公司任职时长	－0.053	－0.110	－0.089	－0.111*	0.003
自变量					
技能多样性		0.205**		0.095	0.408**
中介变量					
自我效能感			0.310**	0.271**	
R^2	0.060**	0.098**	0.144**	0.151**	0.277**
ΔR^2	0.060**	0.038**	0.084**	0.007	0.149**
F	5.547**	7.814**	12.119**	10.932**	27.523**
ΔF	5.547**	18.056**	42.326**	3.403	88.660**

注：* 在 0.05 水平（双侧）上显著相关，** 在 0.01 水平（双侧）上显著相关。

表 5-17　自我效能感在任务完整性与促进性建言之间中介作用检验

	因变量:促进性建言				因变量:自我效能感
	M1	M2	M3	M4	M5
控制变量					
年龄	0.175**	0.171**	0.118*	0.115*	0.170**
性别	0.121*	0.121**	0.144**	0.145**	-0.073*
最高学历	0.069	0.071	0.074	0.074	-0.010
管理	0.101	0.088	0.054	0.054	0.103*
在目前公司任职时长	-0.053	-0.084	-0.089	-0.085	0.001
自变量					
任务完整性		0.154**		-0.033	0.567**
中介变量					
自我效能感			0.310**	0.331**	
R^2	0.060**	0.083**	0.144**	0.145**	0.428**
ΔR^2	0.060**	0.022**	0.084**	0.001	0.300**
F	5.547**	6.465**	12.119**	10.420**	53.847**
ΔF	5.547**	10.450**	42.326**	0.337	226.341**

注:* 在 0.05 水平（双侧）上显著相关,** 在 0.01 水平（双侧）上显著相关。

表 5-18　自我效能感在工作重要性与促进性建言之间中介作用检验

	因变量:促进性建言				因变量:自我效能感
	M1	M2	M3	M4	M5
控制变量					
年龄	0.175**	0.176**	0.118*	0.124*	0.187**
性别	0.121*	0.125**	0.144**	0.142**	-0.063
最高学历	0.069	0.086	0.074	0.079	0.024
管理	0.101	0.064	0.054	0.048	0.060
在目前公司任职时长	-0.053	-0.060	-0.089	-0.087	0.099*

续表

	因变量:促进性建言				因变量:自我效能感
	M1	M2	M3	M4	M5
自变量					
工作重要性		0.197**		0.062	0.489**
中介变量					
自我效能感			0.310**	0.277**	
R^2	0.060**	0.098**	0.144**	0.147**	0.359**
ΔR^2	0.060**	0.037**	0.084**	0.003	0.230**
F	5.547**	7.781**	12.119**	10.589**	40.169**
ΔF	5.547**	17.870**	42.326**	1.351	154.801**

注:* 在 0.05 水平(双侧)上显著相关,** 在 0.01 水平(双侧)上显著相关。

表 5-19 自我效能感在工作自主性与促进性建言之间中介作用检验

	因变量:促进性建言				因变量:自我效能感
	M1	M2	M3	M4	M5
控制变量					
年龄	0.175**	0.135*	0.118*	0.124*	0.032
性别	0.121*	0.120*	0.144**	0.147**	-0.078*
最高学历	0.069	0.076	0.074	0.073	0.008
管理	0.101	0.093	0.054	0.051	0.121**
在目前公司任职时长	-0.053	-0.073	-0.089	-0.087	0.039
自变量					
工作自主性		0.167**		-0.055	0.641**
中介变量					
自我效能感			0.310**	0.346**	
R^2	0.060**	0.085	0.144**	0.146**	0.493**
ΔR^2	0.060**	0.025	0.084**	0.002	0.365**
F	5.547**	6.686	12.119**	10.494**	69.939**
ΔF	5.547**	11.697	42.326**	0.780	310.508**

注:* 在 0.05 水平(双侧)上显著相关,** 在 0.01 水平(双侧)上显著相关。

表5-20　　自我效能感在反馈与促进性建言之间中介作用检验

	因变量:促进性建言				因变量:自我效能感
	M1	M2	M3	M4	M5
控制变量					
年龄	0.175**	0.135*	0.118*	0.113*	0.084
性别	0.121*	0.097*	0.144**	0.131**	-0.132**
最高学历	0.069	0.096*	0.074	0.083	0.051
管理	0.101	0.080	0.054	0.055	0.100*
在目前公司任职时长	-0.053	-0.086	-0.089	-0.095	0.034
自变量					
反馈		0.242**		0.086	0.606**
中介变量					
自我效能感			0.310**	0.257**	
R^2	0.060**	0.113**	0.144**	0.149**	0.458**
ΔR^2	0.060**	0.052**	0.084**	0.004	0.330**
F	5.547**	9.135**	12.119**	10.713**	60.768**
ΔF	5.547**	25.500**	42.326**	2.093	267.540**

注:* 在0.05水平（双侧）上显著相关,** 在0.01水平（双侧）上显著相关。

表5-21　　自我效能感在工作特征与促进性建言之间中介作用检验

	因变量:促进性建言				因变量:自我效能感
	M1	M2	M3	M4	M5
控制变量					
年龄	0.175**	0.124*	0.118*	0.114*	0.040
性别	0.121*	0.114*	0.144**	0.139**	-0.092**
最高学历	0.069	0.081	0.074	0.077	0.018
管理	0.101	0.072	0.054	0.054	0.069*
在目前公司任职时长	-0.053	-0.089	-0.089	-0.093	0.015

续表

	因变量:促进性建言				因变量:自我效能感
	M1	M2	M3	M4	M5
自变量					
激励潜能分数		0.253**		0.061	0.721**
中介变量					
自我效能感			0.310**	0.266**	
R^2	0.060**	0.116**	0.144**	0.146**	0.583**
ΔR^2	0.060**	0.056**	0.084**	0.002	0.455**
F	5.547**	9.465**	12.119**	10.496**	100.497**
ΔF	5.547**	27.363**	42.326**	0.793	470.336**

注：* 在0.05水平（双侧）上显著相关，** 在0.01水平（双侧）上显著相关。

由表5－16至表5－21内容可知：在控制了人口统计学变量影响以后，工作特征及其技能多样性、任务完整性、工作重要性、工作自主性、反馈均显著影响员工的促进性建言，因此，假设H2及其子假设均得到验证，即工作特征对促进性建言有正向影响；在控制了人口统计学变量影响以后，工作特征仍通过自我效能感的中介作用正向影响促进性建言。工作特征及其技能多样性、任务完整性、工作重要性、工作自主性、反馈均是通过自我效能感的完全中介影响促进性建言，即假设H5及其子假设均得到了验证。

依据假设H6的内容，将抑制性建言作为因变量，将技能多样性、任务完整性、工作重要性、工作自主性、反馈、激励潜能分数作为自变量，将性别、年龄、技术与管理、在目前公司任职时长作为控制变量，将自我效能感作为中介变量，使用SPSS19.0进行线性回归分析。

M1为抑制性建言对控制变量的回归，M2为考虑控制变量影响下抑制性建言对自变量的回归，M3为考虑控制变量影响下抑制性建言对自我效能感的回归，M4为考虑控制变量和中介变量影响下抑制性建言对自变量的回归，

M5 为考虑控制变量影响下自我效能感对自变量的回归。自我效能感在技能多样性、任务完整性、工作重要性、工作自主性、反馈以及工作特征与抑制性建言关系中的中介作用检验结果如表 5－22 至表 5－27 所示。

表 5－22　自我效能感在技能多样性与抑制性建言之间中介作用检验

	因变量：抑制性建言				因变量:自我效能感
	M1	M2	M3	M4	M5
控制变量					
年龄	0.161**	0.168**	0.118*	0.111	0.208**
性别	0.139**	0.150**	0.144**	0.161**	－0.038
最高学历	－0.005	－0.010	0.074	－0.001	－0.032
管理	0.008	－0.007	0.054	－0.037	0.106*
在目前公司任职时长	－0.009	－0.046	－0.089	－0.046	0.003
自变量					
技能多样性		0.132**		0.018	0.408**
中介变量					
自我效能感			0.310**	0.279**	
R^2	0.042**	0.058**	0.144**	0.114**	0.277**
ΔR^2	0.042**	0.016**	0.084**	0.000	0.149**
F	3.819**	4.413**	12.119**	7.911**	27.523**
ΔF	3.819**	7.115**	42.326**	0.119	88.660**

注：* 在 0.05 水平（双侧）上显著相关，** 在 0.01 水平（双侧）上显著相关。

表 5－23　自我效能感在任务完整性与抑制性建言之间中介作用检验

	因变量：抑制性建言				因变量:自我效能感
	M1	M2	M3	M4	M5
控制变量					
年龄	0.161**	0.157**	0.118*	0.105	0.170**
性别	0.139**	0.139**	0.144**	0.161**	－0.073*
最高学历	－0.005	－0.003	0.074	0.000	－0.010

续表

	因变量：抑制性建言				因变量：自我效能感
	M1	M2	M3	M4	M5
管理	0.008	-0.005	0.054	-0.036	0.103*
在目前公司任职时长	-0.009	-0.038	-0.089	-0.038	0.001
自变量					
任务完整性		0.141**		-0.033	0.567**
中介变量					
自我效能感			0.310**	0.306**	
R^2	0.042**	0.061**	0.114**	0.115**	0.428**
ΔR^2	0.042**	0.019**	0.084**	0.001	0.300**
F	3.819**	4.653**	12.119**	7.944**	53.847**
ΔF	3.819**	8.493**	42.326**	0.323	226.341**

注：* 在0.05水平（双侧）上显著相关，** 在0.01水平（双侧）上显著相关。

表5-24　自我效能感在工作重要性与抑制性建言之间中介作用检验

	因变量：抑制性建言				因变量：自我效能感
	M1	M2	M3	M4	M5
控制变量					
年龄	0.161**	0.162**	0.118*	0.108	0.187**
性别	0.139**	0.142**	0.144**	0.160**	-0.063
最高学历	-0.005	0.007	0.074	0.000	0.024
管理	0.008	-0.019	0.054	-0.036	0.060
在目前公司任职时长	-0.009	-0.014	-0.089	-0.042	0.099*
自变量					
工作重要性		0.142**		0.002	0.489**
中介变量					
自我效能感			0.310**	0.285**	

续表

	因变量：抑制性建言				因变量：自我效能感
	M1	M2	M3	M4	M5
R^2	0.042 **	0.062 **	0.114 **	0.114 **	0.359 **
ΔR^2	0.042 **	0.019 **	0.084 **	0.000	0.230 **
F	3.819 **	4.716 **	12.119 **	7.892 **	40.169 **
ΔF	3.819 **	8.854 **	42.326 **	0.001	154.801 **

注：* 在0.05水平（双侧）上显著相关，** 在0.01水平（双侧）上显著相关。

表5－25　自我效能感在工作自主性与抑制性建言之间中介作用检验

	因变量：抑制性建言				因变量：自我效能感
	M1	M2	M3	M4	M5
控制变量					
年龄	0.161 **	0.125 *	0.118 *	0.115 *	0.032
性别	0.139 **	0.138 **	0.144 **	0.163 **	－0.078 *
最高学历	－0.005	0.001	0.074	－0.002	0.008
管理	0.008	0.000	0.054	－0.039	0.121 **
在目前公司任职时长	－0.009	－0.027	－0.089	－0.040	0.039
自变量					
工作自主性		0.151 **		－0.057	0.641 **
中介变量					
自我效能感			0.310 **	0.324 **	
R^2	0.042 **	0.062 **	0.114 **	0.116 **	0.493 **
ΔR^2	0.042 **	0.020 **	0.084 **	0.002	0.365 **
F	3.819 **	4.787 **	12.119 **	8.023 **	69.939 **
ΔF	3.819 **	9.264 **	42.326 **	0.809	310.508 **

注：* 在0.05水平（双侧）上显著相关，** 在0.01水平（双侧）上显著相关。

表 5-26　　自我效能感在反馈与抑制性建言之间中介作用检验

	因变量：抑制性建言				因变量：自我效能感
	M1	M2	M3	M4	M5
控制变量					
年龄	0.161**	0.139*	0.118*	0.112*	0.084
性别	0.139**	0.126**	0.144**	0.170**	-0.132**
最高学历	-0.005	0.010	0.074	-0.007	0.051
管理	0.008	-0.004	0.054	-0.037	0.100*
在目前公司任职时长	-0.009	-0.027	-0.089	-0.038	0.034
自变量					
反馈		0.131**		-0.069	0.606**
中介变量					
自我效能感			0.310**	0.329**	
R^2	0.042**	0.058**	0.114**	0.116**	0.458**
ΔR^2	0.042**	0.015**	0.084**	0.003	0.330**
F	3.819**	4.399**	12.119**	8.100**	60.768**
ΔF	3.819**	7.035**	42.326**	1.286	267.540**

注：* 在 0.05 水平（双侧）上显著相关，** 在 0.01 水平（双侧）上显著相关。

表 5-27　　自我效能感在工作特征与抑制性建言之间中介作用检验

	因变量：抑制性建言				因变量：自我效能感
	M1	M2	M3	M4	M5
控制变量					
年龄	0.161**	0.127*	0.118*	0.113*	0.040
性别	0.139**	0.134**	0.144**	0.166**	-0.092**
最高学历	-0.005	0.003	0.074	-0.003	0.018
管理	0.008	-0.012	0.054	-0.036	0.069*
在目前公司任职时长	-0.009	-0.033	-0.089	-0.038	0.015

续表

	因变量：抑制性建言				因变量：自我效能感
	M1	M2	M3	M4	M5
自变量					
激励潜能分数		0.168**		-0.081	0.721**
中介变量					
自我效能感			0.310**	0.345**	
R^2	0.042**	0.067**	0.114**	0.117**	0.583**
ΔR^2	0.042**	0.025**	0.084**	0.003	0.455**
F	3.819**	5.158**	12.119**	8.106**	100.497**
ΔF	3.819**	11.394**	42.326**	1.329	470.336**

注：* 在0.05水平（双侧）上显著相关，** 在0.01水平（双侧）上显著相关。

由表5-22至表5-27可知：在控制了人口统计学变量影响以后，工作特征及其技能多样性、任务完整性、工作重要性、工作自主性、反馈均显著影响员工的抑制性建言，因此，假设H3及其子假设均得到验证，即工作特征对抑制性建言有正向影响；在控制了人口统计学变量影响以后，工作特征仍通过自我效能感的中介作用正向影响抑制性建言。工作特征及其技能多样性、任务完整性、工作重要性、工作自主性、反馈均通过自我效能感的完全中介作用影响抑制性建言，即假设H6及其子假设均得到了验证。

5.3.2 组织支持感调节作用的检验

按照罗胜强、姜嬿（2014）对于调节效应检验的观点，将自变量与调节变量的交互项加入因变量对自变量和调节变量的回归模型中，若其回归系数显著，则证明存在调节效应。

依据假设H7及其子假设的内容，以自我效能感为因变量，分别将技能多样性、任务完整性、工作重要性、工作自主性、反馈、激励潜能分数作为自变量，将性别、年龄、管理、在目前公司任职时长作为控制变量，将组织支持感作为调节变量，使用 SPSS19.0 进行层级多元线性回归分析。

M1 为因变量自我效能感对控制变量的回归；M2 为加入调节变量组织支持感和自变量的回归；M3 是再加入了自变量和调节变量交互项的回归。分别以技能多样性、任务完整性、工作重要性、工作自主性、反馈、激励潜能分数作为自变量时的运行结果如表 5－28 至表 5－33 所示。

表 5－28　组织支持感对技能多样性与自我效能感关系调节检验

	因变量:自我效能感		
	M1	M2	M3
控制变量			
年龄	0.184**	0.219**	0.224**
性别	－0.073	－0.015	－0.021
最高学历	－0.017	0.018	0.015
管理	0.152**	0.068	0.078
在目前公司任职时长	0.116*	0.006	0.010
自变量			
技能多样性		0.329**	0.320**
调节变量			
组织支持感		0.422**	0.426**
交互项			
技能多样性×组织支持感			－0.129**
R^2	0.128**	0.446**	0.462**
ΔR^2	0.128**	0.318**	0.016**
F	12.715**	49.443**	46.079**
ΔF	12.715**	123.267**	12.930**

注: * 在 0.05 水平（双侧）上显著相关, ** 在 0.01 水平（双侧）上显著相关。

由表 5－28 可知，技能多样性与组织支持感的交互项回归系数显著，且交互项系数为负，即 H7a（组织支持感负向调节技能多样性对自我效能感的影响）通过检验。

调节效果如图5－1所示。

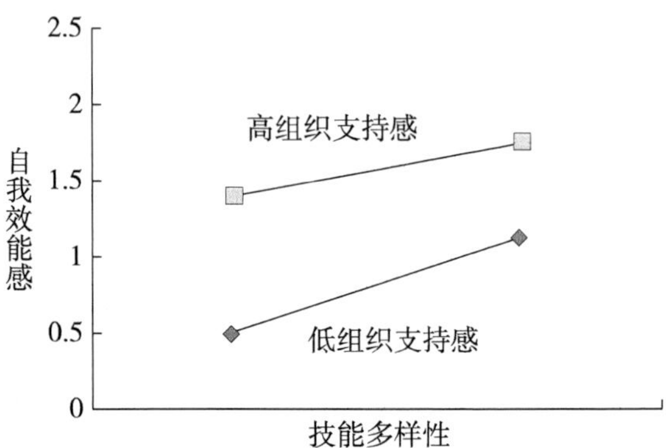

图5－1　组织支持感对技能多样性和自我效能感关系调节效果

表5－29　　组织支持感对任务完整性与自我效能感关系调节检验

	因变量:自我效能感		
	M1	M2	M3
控制变量			
年龄	0.184**	0.184**	0.183**
性别	－0.073	－0.052	－0.050
最高学历	－0.017	－0.003	－0.003
管理	0.152**	0.081*	0.080*
在目前公司任职时长	0.116*	0.013	0.013
自变量			
任务完整性		0.440**	0.442**
调节变量			
组织支持感		0.302**	0.302**
交互项			
任务完整性×组织支持感			0.010
R^2	0.128**	0.503**	0.503**
ΔR^2	0.128**	0.375**	0.000
F	12.715**	62.218**	54.336**
ΔF	12.715**	162.244**	0.087

注:*在0.05水平（双侧）上显著相关,**在0.01水平（双侧）上显著相关。

由表5－29可知，任务完整性与组织支持感的交互项回归系数不显著，H7b（组织支持感负向调节任务完整性对自我效能感的影响）未通过检验。

表5－30　组织支持感对工作重要性与自我效能感关系调节检验

	因变量：自我效能感		
	M1	M2	M3
控制变量			
年龄	0.184**	0.198**	0.198**
性别	－0.073	－0.043	－0.043
最高学历	－0.017	0.021	0.021
管理	0.152**	0.051	0.051
在目前公司任职时长	0.116*	0.089*	0.089*
自变量			
工作重要性		0.346**	0.346**
调节变量			
组织支持感		0.330**	0.330**
交互项			
工作重要性×组织支持感			0.004
R^2	0.128**	0.446**	0.446**
ΔR^2	0.128**	0.317**	0.000
F	12.715**	49.373**	43.104**
ΔF	12.715**	123.055**	0.011

注：*在0.05水平（双侧）上显著相关，**在0.01水平（双侧）上显著相关。

由表5－30可知，工作重要性与组织支持感的交互项回归系数不显著，H7c（组织支持感负向调节工作重要性对自我效能感的影响）未通过检验。

表 5－31　　组织支持感对工作自主性与自我效能感关系调节检验

	因变量：自我效能感		
	M1	M2	M3
控制变量			
年龄	0.184**	0.070	0.074
性别	－0.073	－0.060	－0.065*
最高学历	－0.017	0.010	0.014
管理	0.152**	0.099**	0.103**
在目前公司任职时长	0.116*	0.042	0.043
自变量			
工作自主性		0.520**	0.512**
调节变量			
组织支持感		0.250**	0.252**
交互项			
工作自主性×组织支持感			－0.054
R^2	0.128**	0.542**	0.545**
ΔR^2	0.128**	0.414**	0.003
F	12.715**	72.677**	64.148**
ΔF	12.715**	194.155**	2.578

注：* 在 0.05 水平（双侧）上显著相关，** 在 0.01 水平（双侧）上显著相关。

由表 5－31 可知，工作自主性与组织支持感的交互项回归系数不显著，H7d（组织支持感负向调节工作自主性对自我效能感的影响）未通过检验。

表 5－32　　组织支持感对反馈与自我效能感关系调节检验

	因变量：自我效能感		
	M1	M2	M3
控制变量			
年龄	0.184**	0.115**	0.119**
性别	－0.073	－0.100**	－0.103**
最高学历	－0.017	0.046	0.047
管理	0.152**	0.077*	0.085*

续表

	因变量：自我效能感		
	M1	M2	M3
在目前公司任职时长	0.116*	0.037	0.033
自变量			
反馈		0.486**	0.469**
调节变量			
组织支持感		0.299**	0.305**
交互项			
反馈×组织支持感			-0.062
R^2	0.128**	0.533**	0.537**
ΔR^2	0.128**	0.405**	0.004
F	12.715**	70.122**	62.091**
ΔF	12.715**	186.359**	3.277

注：* 在0.05水平（双侧）上显著相关，** 在0.01水平（双侧）上显著相关。

由表5-32可知，反馈与组织支持感的交互项回归系数不显著，H7e（组织支持感负向调节反馈对自我效能感的影响）未通过检验。

表5-33　组织支持感对工作特征与自我效能感关系调节检验

	因变量：自我效能感		
	M1	M2	M3
控制变量			
年龄	0.184**	0.066	0.070
性别	-0.073	-0.076*	-0.085**
最高学历	-0.017	0.018	0.025
管理	0.152**	0.060	0.067*
在目前公司任职时长	0.116*	0.020	0.016
自变量			
激励潜能分数		0.623**	0.636*

续表

	因变量:自我效能感		
	M1	M2	M3
调节变量			
组织支持感		0.187**	0.190**
交互项			
激励潜能分数×组织支持感			-0.104**
R^2	0.128**	0.603**	0.612**
ΔR^2	0.128**	0.481**	0.010**
F	12.715**	95.769**	87.337**
ΔF	12.715**	264.606**	11.675**

注:* 在0.05水平（双侧）上显著相关,** 在0.01水平（双侧）上显著相关。

由表5-33可知，激励潜能分数与组织支持感的交互项回归系数显著，且交互项系数为负，即H7（组织支持感负向调节工作特征对自我效能感的影响）通过检验。调节效果如图5-2所示。

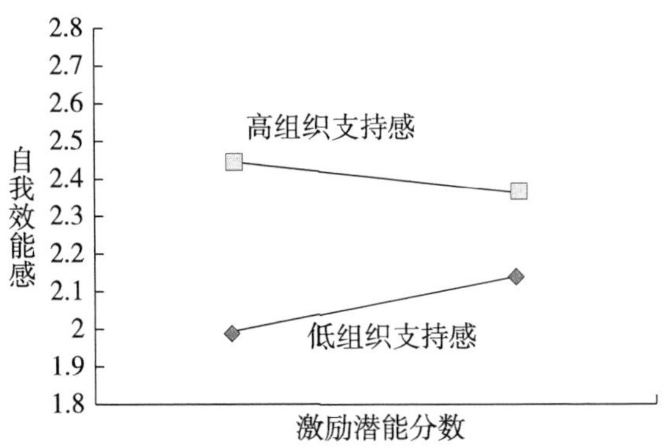

图5-2 组织支持感对工作特征和自我效能感关系调节效果

5.3.3 工作投入调节作用的检验

依据假设H8及其子假设的内容，以自我效能感为因变量，分别将技能多样性、任务完整性、工作重要性、工作自主性、反馈、激励潜能分数作为自变量，将性别、年龄、技术与管理、在目前公司任职时长作为控制变量，将工作投入作为调节变量，使用 SPSS19.0 进行层级多元线性回归分析。

M1 为因变量自我效能感对控制变量的回归；M2 为加入调节变量工作投入和自变量的回归；M3 是再加入了自变量和调节变量交互项的回归。分别以技能多样性、任务完整性、工作重要性、工作自主性、反馈、激励潜能分数作为自变量时的运行结果如表 5－34 至表 5－39 所示。

表 5－34　工作投入对技能多样性与自我效能感关系调节检验

	因变量:自我效能感		
	M1	M2	M3
控制变量			
年龄	0.184**	0.155**	0.165**
性别	−0.073	−0.092*	−0.089*
最高学历	−0.017	0.073	0.075*
管理	0.152**	0.069	0.075
在目前公司任职时长	0.116*	0.020	0.012
自变量			
技能多样性		0.279**	0.282**
调节变量			
工作投入		0.472**	0.466**
交互项			
技能多样性×工作投入			−0.094**
R^2	0.128**	0.468**	0.477**
ΔR^2	0.128**	0.340**	0.009**
F	12.715**	54.114**	48.905**
ΔF	12.715**	137.519**	7.083**

注：* 在 0.05 水平（双侧）上显著相关，** 在 0.01 水平（双侧）上显著相关。

由表 5－34 可知，技能多样性与工作投入的交互项回归系数显著，且系数为负，即 H8a（工作投入负向调节技能多样性对自我效能感的影响）

通过检验。

调节效果如图 5 – 3 所示。

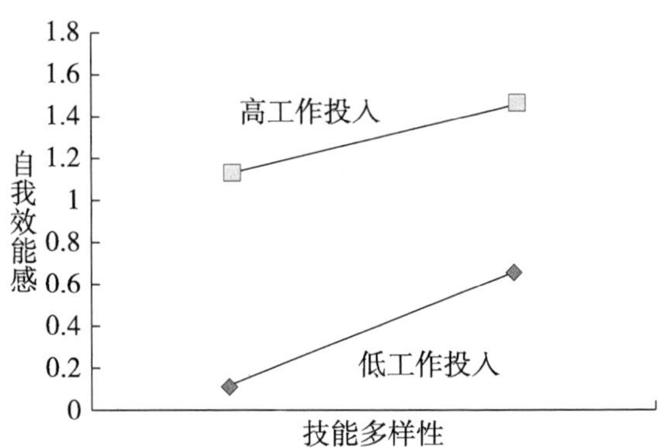

图 5 – 3 工作投入对技能多样性和自我效能感关系调节效果

表 5 – 35 工作投入对任务完整性与自我效能感关系调节检验

	因变量:自我效能感		
	M1	M2	M3
控制变量			
年龄	0.184**	0.139**	0.141**
性别	–0.073	–0.106**	–0.107**
最高学历	–0.017	0.066	0.065
管理	0.152**	0.078*	0.079*
在目前公司任职时长	0.116*	0.019	0.018
自变量			
任务完整性		0.405**	0.402**
调节变量			
工作投入		0.364**	0.362**
交互项			
任务完整性 × 工作投入			–0.017
R^2	0.128**	0.527**	0.527**
ΔR^2	0.128**	0.398**	0.000
F	12.715**	68.341**	59.727**
ΔF	12.715**	180.924**	0.256

注:* 在 0.05 水平（双侧）上显著相关,** 在 0.01 水平（双侧）上显著相关。

由表 5－35 可知，任务完整性与工作投入的交互项回归系数不显著，H8b（工作投入正向调节任务完整性对自我效能感的影响）未通过检验。

表 5－36　　工作投入对工作重要性与自我效能感关系调节检验

	因变量：自我效能感		
	M1	M2	M3
控制变量			
年龄	0.184**	0.146**	0.153**
性别	－0.073	－0.104**	－0.110**
最高学历	－0.017	0.100**	0.094*
管理	0.152**	0.045	0.059
在目前公司任职时长	0.116*	0.088**	0.085*
自变量			
工作重要性		0.332**	0.331**
调节变量			
工作投入		0.414**	0.399**
交互项			
工作重要性×工作投入			－0.106**
R^2	0.128**	0.494**	0.505**
ΔR^2	0.128**	0.366**	0.011**
F	12.715**	59.925**	54.606**
ΔF	12.715**	155.248**	9.290**

注：* 在 0.05 水平（双侧）上显著相关，** 在 0.01 水平（双侧）上显著相关。

由表 5－36 可知，工作重要性与工作投入的交互项回归系数显著且系数为负，即 H8c（工作投入负向调节工作重要性对自我效能感的影响）通过检验。调节效果如图 5－4 所示。

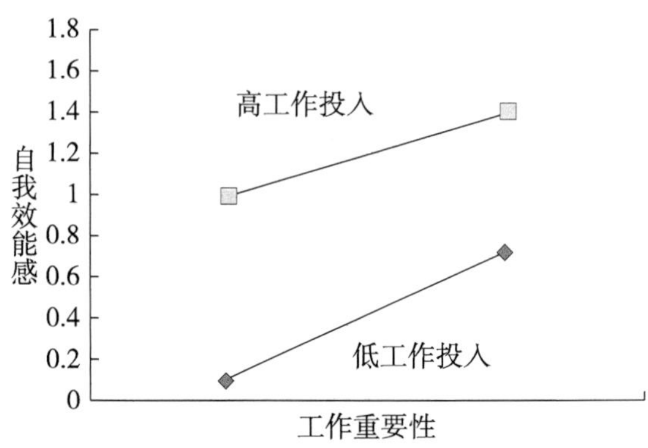

图 5－4　工作投入对工作重要性和自我效能感关系调节效果

表 5－37　工作投入对工作自主性与自我效能感关系调节检验

	因变量：自我效能感		
	M1	M2	M3
控制变量			
年龄	0.184**	0.034	0.051
性别	－0.073	－0.108**	－0.114**
最高学历	－0.017	0.075*	0.075*
管理	0.152**	0.091**	0.101＊＊
在目前公司任职时长	0.116*	0.043	0.036
自变量			
工作自主性		0.494**	0.496**
调节变量			
工作投入		0.341**	0.318**
交互项			
工作自主性×工作投入			－0.084*
R^2	0.128**	0.582**	0.588**
ΔR^2	0.128**	0.454**	0.006*
F	12.715**	85.589**	76.643**
ΔF	12.715**	233.548**	6.441*

注：* 在 0.05 水平（双侧）上显著相关，** 在 0.01 水平（双侧）上显著相关。

由表5－37可知，工作自主性与工作投入的交互项回归系数显著，且系数为负，即H8d（工作投入负向调节工作自主性对自我效能感的影响）通过检验。调节效果如图5－5所示。

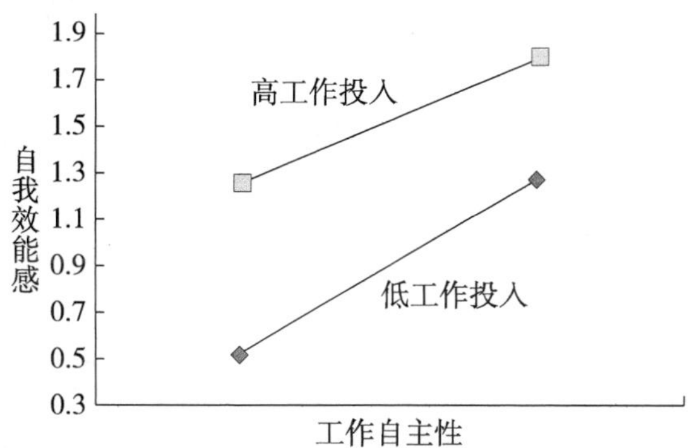

图5－5　工作投入对工作自主性和自我效能感关系调节效果

表5－38　工作投入对反馈与自我效能感关系调节检验

	因变量:自我效能感		
	M1	M2	M3
控制变量			
年龄	0.184**	0.074	0.077
性别	－0.073	－0.150**	－0.150**
最高学历	－0.017	0.111**	0.110**
管理	0.152**	0.074**	0.077*
在目前公司任职时长	0.116*	0.040	0.039
自变量			
反馈		0.455**	0.449**
调节变量			
工作投入		0.360**	0.357**
交互项			
反馈×工作投入			－0.024
R^2	0.128**	0.558**	0.558**
ΔR^2	0.128**	0.430**	0.000
F	12.715**	77.518**	67.806**
ΔF	12.715**	208.923**	0.481

注：* 在0.05水平（双侧）上显著相关，** 在0.01水平（双侧）上显著相关。

由表5－38可知，反馈与工作投入的交互项回归系数不显著，H8e（工作投入正向调节反馈对自我效能感的影响）未通过检验。

表5－39　工作投入对工作特征与自我效能感关系调节检验

	因变量：自我效能感		
	M1	M2	M3
控制变量			
年龄	0.184**	0.040	0.058
性别	－0.073	－0.113**	－0.117**
最高学历	－0.017	0.069*	0.069*
管理	0.152**	0.055	0.070*
在目前公司任职时长	0.116*	0.023	0.009
自变量			
激励潜能分数		0.587**	0.617**
调节变量			
工作投入		0.270**	0.241**
交互项			
激励潜能分数×工作投入			－0.132**
R^2	0.128**	0.635**	0.651**
ΔR^2	0.128**	0.507**	0.016**
F	12.715**	106.849**	99.987**
ΔF	12.715**	298.413**	19.599**

注：* 在0.05水平（双侧）上显著相关，** 在0.01水平（双侧）上显著相关。

由表5－39可知，激励潜能分数与工作投入的交互项回归系数显著且系数为负，即H8（工作投入负向调节工作特征对自我效能感的影响）通过检验。调节效果如图5－6所示。

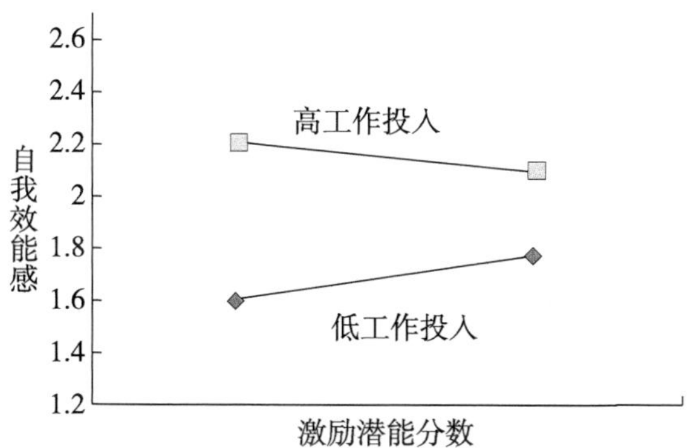

图 5－6 工作投入对工作特征和自我效能感关系调节效果

5. 3. 4 假设检验结果汇总

本研究所有假设检验结果汇总如表 5－40 所示。

表 5－40 研究假设检验结果汇总表

序号	内容	检验结果
H1	工作特征与建言行为正相关	通过
H1a	技能多样性与建言行为正相关	通过
H1b	任务完整性与建言行为正相关	通过
H1c	工作重要性与建言行为正相关	通过
H1d	工作自主性与建言行为正相关	通过
H1e	反馈与建言行为正相关	通过
H2	工作特征与促进性建言行为正相关	通过
H2a	技能多样性与促进性建言行为正相关	通过
H2b	任务完整性与促进性建言行为正相关	通过
H2c	工作重要性与促进性建言行为正相关	通过
H2d	工作自主性与促进性建言行为正相关	通过
H2e	反馈与促进性建言行为正相关	通过
H3	工作特征与抑制性建言行为正相关	通过
H3a	技能多样性与抑制性建言行为正相关	通过

续表

序号	内容	检验结果
H3b	任务完整性与抑制性建言行为正相关	通过
H3c	工作重要性与抑制性建言行为正相关	通过
H3d	工作自主性与抑制性建言行为正相关	通过
H3e	反馈与抑制性建言行为正相关	通过
H4	工作特征通过自我效能感的中介作用正向影响建言行为	通过
H4a	技能多样性通过自我效能感的中介作用正向影响建言行为	通过
H4b	任务完整性通过自我效能感的中介作用正向影响建言行为	通过
H4c	工作重要性通过自我效能感的中介作用正向影响建言行为	通过
H4d	工作自主性通过自我效能感的中介作用正向影响建言行为	通过
H4e	反馈通过自我效能感的中介作用正向影响建言行为	通过
H5	工作特征通过自我效能感的中介作用正向影响促进性建言	通过
H5a	技能多样性通过自我效能感的中介作用正向影响促进性建言	通过
H5b	任务完整性通过自我效能感的中介作用正向影响促进性建言	通过
H5c	工作重要性通过自我效能感的中介作用正向影响促进性建言	通过
H5d	工作自主性通过自我效能感的中介作用正向影响促进性建言	通过
H5e	反馈通过自我效能感的中介作用正向影响促进性建言	通过
H6	工作特征通过自我效能感的中介作用正向影响抑制性建言	通过
H6a	技能多样性通过自我效能感的中介作用正向影响抑制性建言	通过
H6b	任务完整性通过自我效能感的中介作用正向影响抑制性建言	通过
H6c	工作重要性通过自我效能感的中介作用正向影响抑制性建言	通过
H6d	工作自主性通过自我效能感的中介作用正向影响抑制性建言	通过
H6e	反馈通过自我效能感的中介作用正向影响抑制性建言	通过
H7	组织支持感负向调节工作特征对自我效能感的影响	通过
H7a	组织支持感负向调节技能多样性对自我效能感的影响	通过
H7b	组织支持感负向调节任务完整性对自我效能感的影响	未通过
H7c	组织支持感负向调节工作重要性对自我效能感的影响	未通过
H7d	组织支持感负向调节工作自主性对自我效能感的影响	未通过
H7e	组织支持感负向调节反馈对自我效能感的影响	未通过

续表

序号	内容	检验结果
H8	工作投入负向调节工作特征对自我效能感的影响	通过
H8a	工作投入负向调节技能多样性对自我效能感的影响	通过
H8b	工作投入负向调节任务完整性对自我效能感的影响	未通过
H8c	工作投入负向调节工作重要性对自我效能感的影响	通过
H8d	工作投入负向调节工作自主性对自我效能感的影响	通过
H8e	工作投入负向调节反馈对自我效能感的影响	未通过

6 结论与展望

6.1 研究结论

6.1.1 工作特征与建言行为关系

研究结果显示，在控制被试的性别、年龄、工作性质等人口统计学变量的影响后，建言行为对工作特征的回归方程仍达显著水平。总体来看，工作特征对建言行为有显著正向影响。具体到工作特征的5个维度与建言行为的2个维度，均呈现出显著正相关关系，即工作特征的技能多样性、任务完整性、工作重要性、工作自主性和反馈均与促进性建言及抑制性建言显著正相关。

技能多样性对建言行为有显著的积极促进作用，且对于促进性建言和抑制性建言均有积极促进作用。对此，可以理解为，工作岗位需要的技能越多，相比管理者而言，对于工作的掌握、理解以及可以改进的地方，员工会有更多的认知，即员工有能力进行建言。从组织成员交换的角度来看，不管是员工要回报组织还是期望组织给予其回报，越是有建言能力的员工必然产生越多的建言行为。具体到建言的2个维度，员工对于工作理解更深刻、对需要改进的地方越清楚，显然提出的建言更多应是促进性的。从资源保存理论的角度而言，提供促进性建言如果可以获得更多资源或提供抑制性建言可以避免现有资源的损失，员工既然有建言的能力，必不会放弃建言的机会。

任务完整性对于建言行为有显著的正向影响，且对于促进性建言和抑制性建言均有显著正向影响。对此，可以理解为，任务完整性越高，员工对于工作各环节的衔接性、各环节对工作结果的影响、目前任务绩效的瓶颈等将会有更深刻的认识，亦会更加理解组织及管理者的难处，同时也会更清楚管理者任务安排的不当之处等。依据组织成员交换理论，不管是促进性建言还是抑制性建言，员工可以预期这种对组织产生正向影响的行为都会得到组织的回报，因此可以预测员工会产生建言行为。依据资源保存理论，员工预期其促进性建言可以获得更多资源，而抑制性建言可以避免其现有资源的损失，因此也可以预测员工会产生更多的建言行为。

工作重要性对于建言行为有显著的正向影响，且对于促进性建言和抑制性建言均有显著正向影响。对此，可以解释为，工作越重要，工作结果对于组织的影响越大，一般而言对员工的影响亦越大。依据组织成员交换理论可预测，员工的工作越重要，其工作结果对组织及其自身的影响越大，员工建言提高组织绩效或避免组织损失，最终其影响亦会反馈至自身，因此可以预测工作越重要则建言越多。依据资源保存理论，一般而言，员工的工作越重要，其所在岗位的资源越重要越丰富，而员工必然越看重其现有资源，因此可以预期其产生越多的建言行为，其中抑制性建言为保存现有资源，如职务、权力等，而促进性建言则为获得更多的资源，如更大的权力。

工作自主性对建言行为有显著的积极促进作用，且对于促进性建言和抑制性建言均有积极促进作用。对此，可以理解为，工作自主性越强，即员工在更高程度上自行决定完成任务的时间、地点或方法等，对员工而言，其工作成果与工作方法的对应性越明显，对于工作结果的归因亦会更加倾向于内部因素，同时其对工作的理解和认识越深刻，员工的成就感越强，且工作满意度也越高。依据组织成员交换理论，可预测员工为回报组织给予的更多的自主性权限及其由此产生的成就感等，有能力且有意愿产生更多的建言行为。依据资源保存理论，员工为争取更多的资源（如时间或空间的自由等）或避免资源的减少，可预测其产生更多的促进性建言或抑制性建言。

反馈对于建言行为有显著的正向影响，且对于促进性建言和抑制性建言均有显著正向影响。对此，可理解为，一方面，对于与员工自身工作相关度比较高的建言，可以认为是员工对组织的反馈，依据组织成员交换，组织为员工提供更多的反馈，员工亦会向组织提供更多的反馈，而建言行为则是其中一种。另一方面，反馈有助于员工理解工作与成果的关联关系，进而提升员工的工作能力及成就感，提升其建言能力，同时依据资源保存理论，员工为增加或避免减少反馈带来的诸如成就感等心理资源，可以预测员工会提供相应的促进性建言或抑制性建言。

6.1.2 自我效能感的中介作用

研究结果显示，在控制被测试的性别、年龄、工作性质等人口统计学变量的影响后，自我效能感在工作特征与建言行为关系之间的中介作用依然显著。总体来看，工作特征通过自我效能感的中介作用正向影响建言行为，包括促进性建言和抑制性建言。具体到工作特征的5个维度与建言行为的2个维度，自我效能感在其关系中的中介作用均得到证实，即工作特征的技能多样性、任务完整性、工作重要性、工作自主性和反馈均通过自我效能感的中介作用影响促进性建言及抑制性建言。

技能多样性通过自我效能感的中介作用影响建言行为，可以理解为，不同的任务复杂性可影响到自我效能感的判断，工作的技能多样性水平越高，员工将因能完成工作而产生更多的自信，更相信自己比别人的能力强、更相信自己能完成高难度的工作，即将产生越高的自我效能感，在员工越认为自己是专业人士的情况下，自然对于企业的问题将有更多的自信，提出建议，同时对于不合理的现象敢于提出质疑甚至反对，即产生更多的建言行为。依据 Deci 与 Ryan（1975）的自我决定理论亦能理解，工作特征的技能多样性作为一种环境因素，影响了员工的“胜任”需求满足程度，当“胜任”被满足程度提高后，员工则会倾向于努力提升“关系”

和“自主”的被满足程度，显然，促进性建言有助于员工满足“关系”需求，而抑制性建言更有利于满足“自主”需求，因此，自我效能感在技能多样性对建言行为的影响中起到了中介作用。

任务完整性通过自我效能感的中介作用影响建言行为，可以理解为，任务完整性越强，员工对于任务的理解越深刻，同时对于自身努力程度与任务成果的对应关系的认知也更加明确，由此必然正向影响到业绩的提升以及自我效能感的提升。依据三元交换决定理论不难理解，自我效能感的提升带来建言行为的增加，包括促进性建言和抑制性建言，即自我效能感中介了任务完整性对建言行为的影响。

工作重要性通过自我效能感的中介作用影响建言行为，可以理解为，工作越重要，员工越发感受到被重视、被认可，并带来心理授权的提升以及工作投入程度的提高（Katrinli 等，2009；栗露，2015）等，进而影响到了员工的绩效以及自我效能感。一方面，工作重要性对自我效能感的影响传导到了建言行为。另一方面，工作重要性对于心理授权等因素的影响亦可以传导到建言行为，因此，自我效能感部分中介了工作重要性对建言行为的影响。

工作自主性通过自我效能感的中介作用影响建言行为，从归因的角度理解，工作自主性越高，员工越有可能把工作的完成归因为自身而非组织，由此会产生更高水平的自我效能感，与技能多样性类似，工作自主性作为外部环境影响了个体的认知，即自我效能感，进而影响了个体的行为，即促进性建言与抑制性建言。

自我效能感对反馈和建言行为关系的中介作用，可以理解为，工作反馈性越高，员工越能感觉到工作选择对结果的影响。当工作绩效不理想时，员工可以通过改变工作方法来观察业绩变化，可以找到更高效的工作方法，进而形成更高水平的自我效能感，如同 Ezell 等（1993）的研究结果一样。同样，反馈对自我效能感的影响，也进而影响了促进性建言及抑制性建言，即反馈通过自我效能感的中介作用影响了建言行为。

6.1.3 组织支持感的调节作用

研究结果显示，组织支持感负向调节技能多样性对自我效能感的影响、负向调节工作特征对自我效能感的影响，而对任务完整性、工作重要性、工作自主性以及反馈与自我效能感的关系，调节作用不显著。

组织支持感对技能多样性和自我效能感关系有负向调节作用，具体表现为当组织支持感较低时，技能多样性对自我效能感的影响较大，而当组织支持感较高时，技能多样性对自我效能感的影响较小。将自我效能感对组织支持感进行回归分析，发现效果显著，且在自我效能感对技能多样性和组织支持感及其交互项进行多层回归时，交互项的加入使得模型对因变量的解释度从 0.446 增加到 0.462，因此，对于组织支持感的这种调节效应，可以理解为组织支持感和技能多样性在对自我效能感的影响上有替代效应，即当组织支持感较低时，技能多样性对自我效能感的影响比较大，而当组织支持感较高时，由组织支持感产生的自我效能感在一定程度上替代了技能多样性的效果，使得技能多样性对自我效能感的影响较小。数据分析结果揭示了一个重要关系：在对自我效能感影响方面，组织支持感和技能多样性有一定程度的互补作用。即面对组织支持感难以提升的情景时，可通过改善工作岗位的技能多样性提升员工的自我效能感，而当工作岗位的技能多样性难以改变时，可通过提高组织支持感来提升员工的自我效能感。

组织支持感对工作特征和自我效能感关系有负向调节作用，具体表现为当组织支持感较低时，工作特征对自我效能感的影响较大，而当组织支持感较高时，工作特征对自我效能感的影响较小。考虑到组织支持感对自我效能感的影响以及自我效能感对技能多样性和组织支持感及其交互项多层回归时，交互项的加入使得模型对因变量的解释度从 0.603 上升到 0.612，对于组织支持感的这种调节效应，可以理解为，当员工的组织支持感较高时，员工会将完成任务的部分原因归因为组织的支持，即降低了工作特征对自我效能感的影响，相反，当组织支持感较低时，员工的业绩更多依赖自身努力，工作特征对自我效能感的影响会较高。即工作特征和组织支持感在对自我效能感影响方面有替代效应，由此通过该结果可知，当工作岗位的激励潜能分数难以提升时，可通过增加员工的组织支持感来提高其自我效能感，而当组织支持感难以改变时，可通过改变工作岗位的激励潜能分数来提高员工的自我效能感。

虽然组织支持感和任务完整性、工作自主性、工作重要性、反馈都可以预测自我效能感，但它们对自我效能感的影响，可能只是叠加效应而无交互效应。

6.1.4 工作投入的调节作用

研究结果显示，工作投入负向调节技能多样性、工作重要性、工作自主性以及工作特征对自我效能感的影响，而对于任务完整性、反馈和自我效能感的关系没有调节作用。

工作投入对技能多样性和自我效能感关系的负向调节作用，当员工的工作投入较低时，技能多样性对自我效能感的影响较大，而当员工的工作投入程度较高时，工作重要性对自我效能感的影响则较小。将自我效能感对工作投入单独进行回归分析发现影响显著，再结合自我效能感对工作投入和技能多样性及其交互项的多层回归结果，加入交互项后模型对因变量的解释程度从 0.468 上升到 0.477。因此，对于工作投入对技能多样性和自我效能感关系的负向调节作用，可以理解为，当员工的工作投入较高时，不管岗位需要的技能多少，员工均可以较好地完成任务，进而形成自我效能感，使得技能多样性对自我效能感的影响较小，相反，而当员工的工作投入较低时，岗位技能多样性对自我效能感则会较大。即员工的工作投入部分替代了工作特征技能多样性对自我效能感的影响。由此可知，当工作岗位的技能多样性难以改变时，可通过选择工作投入高的员工或设法提高现有员工的工作投入以提升员工自我效能感并进而促进建言行为，而当员工的工作投入难以提升时，可通过提高工作岗位的技能多样性来提升员工的自我效能感。

分别从自我效能感对工作投入和工作重要性、工作自主性、工作特征及其交互项的多层回归分析结果可知，工作投入和工作重要性的交互项将原模型解释程度从 0.494 提升到 0.505，而工作投入和工作自主性的交互项将原模型解释程度从 0.582 提升到 0.588，工作投入和工作特征的交互项也将原模型解释程度从 0.635 提升到 0.651。同理可知，工作投入对自我效能感的影响，和工作重要性、工作自主性、工作特征分别对自我效能感的影响都有一定的替代作用。因此，当岗位的工作重要性、工作自主性、工作特征难以改变时，同样可以通过提高员工工作投入或者选择工作投入高的员工以提升员工的自我效能感，进而提升建言行为，而当工作投入难以改变时，可通过提高工作重要性或工作自主性或工作特征，以改善员工的自我效能感。

虽然工作投入、任务完整性、反馈都能正向影响员工的自我效能感，但它们对自我效能感的影响，可能只是叠加关系而无交互作用。

6.2 管理建议

依据本研究的结果，提出以下三个方面的管理建议。

首先，可以通过改善工作特征来促进建言。研究结果显示工作特征的技能多样性、任务完整性、工作重要性、工作自主性和反馈均正向影响员工的建言行为。因此，组织可以通过改善工作特征来促进员工的建言行为。下面针对工作特征的各个维度提出具体的建议。

技能多样性方面，组织应依据员工的能力，适度提高其工作的技能多样性程度，使员工可以充分发挥其已拥有或可以拥有的多种工作技能，当然，过高的技能要求，效果可能会适得其反。

任务完整性方面，组织应权衡效率与质量，虽然任务分割可以带来效率的提高，但同时也降低了员工的主观能动性，在外部环境瞬息万变的情况下，组织应避免任务被分割得过于细微，以避免员工“瞎子摸象”，而适度的任务完整有利于员工提出促进性建言和抑制性建言。

工作重要性方面，岗位的重要性是难以改变的，但员工对于自身工作重要性的认知，却并非不能改变，如上司对工作的关切、适时在公开场合对员工工作重要性的认可表态等，都会提升员工认知到工作的重要性，进而促进员工的建言行为。因此，领导者需要深入思考提升员工自身工作重要性认知的有效措施。

工作自主性方面，组织应在允许的范围内，尽量提升员工工作的自主性。与《孙子兵法》所持有的“将在外，君命有所不受”观点类似，本研究认为，如今组织面临的环境复杂且变化很快，需要员工有充分的自主性来应对不确定的情景，充分的自主性除能提升绩效外，亦会促进员工的建言行为。一般认为，工作自主性易导致怠工、干私活等越轨行为，而目标导向与工作自主性的有机结合，可以既保证员工合理利用其自主性以达到组织所期望的绩效，又可以避免员工滥用自主性而产生工作中的越轨行为。

反馈方面，组织应尽可能从反馈速度和反馈内容上进行改善，以促进员工的建言行为。在反馈方面，电子游戏的反馈机制被认为是其重要的激励机制之一，从积分到进度条，都对参与者形成了强大的吸引力。随着电子技术的不断发展，各种电子穿戴装备都充分应用了反馈的理念，获得了人们的广泛青睐，如对人们跑步时各项指标的测量，已经成为很多运动爱好者生活的一部分，而这些使用新技术提高反馈的做法应是组织学习的对象。

其次，运用好工作投入和工作特征对自我效能感影响的补位作用。研究结果显示，工作投入负向调节了技能多样性、工作重要性、工作自主性和工作特征对自我效能感的影响，且工作特征的各维度均通过自我效能感的完全中介作用影响建言行为。一般而言，工作特征的各维度是相对稳定的，员工的工作投入状态则更多受到自身特质的影响。为提升员工的建言行为，应当将工作特征难以提升的工作交给工作投入程度高的员工去做，而为工作投入程度低的员工安排工作特征较好的岗位。实现工作投入程度高或低的员工都可以踊跃建言，在工作特征好或差的岗位上工作的员工都能提供更多的建言。

最后，运用好组织支持与岗位技能多样性的补位作用。研究结果显示，组织支持感负向调节了技能多样性、工作特征对自我效能感的影响，组织支持感和技能多样性或工作特征对自我效能感的影响有一定的替代作用，且技能多样性、工作特征均通过自我效能感的中介作用影响员工的建言行为。因此，面对组织支持感难以提升的情景时，可通过改善工作岗位的技能多样性提升员工的自我效能感，而当工作岗位的技能多样性难以改变时，可通过提高组织支持感来提升员工的自我效能感。同理，当工作岗位的激励潜能分数难以提升时，可通过增加员工的组织支持感来提高其自我效能感，而当组织支持感难以改变时，可通过改变工作岗位的激励潜能分数来提高员工的自我效能感。

6.3 理论贡献

本研究以工作特征为自变量、自我效能感为中介变量、建言行为为因变量、组织支持感和工作投入为调节变量，在理论推导的基础上，使用经典量表并采用配对方法进行问卷调查，多数假设得到了支持，总体来看，得出的结论可以总结为四个方面的理论贡献：一是推理并证实了工作特征对建言行为的正向影响；二是推理并证实了自我效能感在工作特征与建言行为关系中的中介效应；三是推理并证实了组织支持感对工作特征的技能多样性、总体工作特征和自我效能感关系的调节作用；四是推理并证实了工作投入对技能多样性、工作重要性、工作自主性以及总体工作特征和自我效能感关系的调节作用。

首先，推理并证实工作特征对建言行为的正向影响，丰富了建言行为的前因变量。以往对建言行为前因变量的研究涉及个体层面、领导层面和组织层面，其中组织层面主要探讨了组织氛围、组织认同、人际关系、管理风格等对建言行为的影响，工作特征影响效果的发现，补充完善了组织层面建言行为的前因变量。且从操作的层面而言，改变工作特征或许比前述的改变个体特质、领导风格、组织氛围等有更高的操作性。

其次，推理并证实自我效能感在工作特征与建言行为关系中的中介效应。以往在研究建言行为和自我效能感时，已有学者将自我效能感作为建言行为的前因变量进行研究，然而，自我效能感的前因变量是多样的。本研究的数据显示，工作特征对建言行为的影响，是通过自我效能感的完全中介作用实现的。因此，推理并证实自我效能感在工作特征与建言行为关系中的中介效应，也进一步拓展了之前学者对自我效能感和建言行为关系的研究。

再次，推理并证实了组织支持感对技能多样性、总体工作特征和自我效能感关系的调节作用，拓展了自我效能感的前因变量研究，以往关于工作特征对自我效能感影响的研究较少，而组织支持感在其中的调节作用尚未涉及，本研究的发现，补充了组织支持感、工作特征和建言行为之间的作用关系。

最后，推理并证实工作投入对技能多样性、工作重要性、工作自主性以及总体工作特征和自我效能感关系的调节作用。以往对于工作投入在工作特征和自我效能感关系中的调节作用研究不够深入和具体，本研究明晰了工作投入、技能多样性、工作重要性、工作自主性以及总体工作特征和自我效能感的关系，拓展了工作投入与工作特征多维度之间交互效应的研究，亦是对自我效能感前因变量的完善和补充。

6.4 研究局限与展望

研究虽然使用了经典量表、配对数据等方式，确保了研究的信度和效度，但仍然存在以下几方面局限。

首先，行业方面。由于将工作特征作为前因变量，因此样本尽量选择工作特征上有差异的个体，在多行业的几十家企业中进行了抽样，未深入考虑行业的划分及其特点。虽然研究结果证实了绝大多数假设，但对于行业间的差异未能进行分析和探讨，亦无法判断研究结果在特定行业中的适用情况。

其次，组织影响方面。现有与建言行为相关的研究显示，组织氛围、组织认同、人际关系、管理风格等因素都对建言行为有影响，考虑到研究的可行性，研究设计时未将上述因素纳入问卷，数据分析时无法控制组织层面对建言行为的影响，虽然研究调查了多家企业，组织间的差异可能部分抵消组织层面因素对建言行为的影响，但不能确保完全规避组织层面的影响。

再次，变量间复杂关系仍需探讨。使用数据分析发现，组织支持感和工作投入，在工作特征和建言行为间起到部分的中介作用，从逻辑上看，好的工作特征易提高员工的组织支持感，同时也容易使得员工产生较高的投入状态，而员工如具有较高的组织支持感，依据组织成员交换理论可知，其建言行为亦会较多，同样，较高工作投入状态的员工，其建言行为亦有可能较多。本研究仅将组织支持感和工作投入作为调节变量进行了分析，虽然得到了数据的支持，但各变量之间的复杂关系仍需进一步探讨和验证。

最后，样本来源地域方面。研究取样均在中国的广西壮族自治区，且以其下辖的百色市为主要取样地，考虑到广西壮族自治区地处中国西南边陲，经济较为落后，特别是百色地区，具有“老少边山穷”（革命老区、少数民族地区、边疆地区、山区、贫困地区）的特点，员工主动性稍差，与沿海地区相比，民风则较为淳朴，广西壮族自治区的企业及其员工必然受到前述环境的影响，因此，本研究的结果是基于广西壮族自治区的数据得到的，结论是否能在其他地区使用尚需验证。

考虑到研究的局限，未来可以从四个方面开展后续研究：第一，选择不同的行业，分别使用同一个行业的样本进行研究，分析该行业的工作特征对建言行为的影响是否显著，以及是否以自我效能感为中介；第二，对组织层面对建言行为有影响的因素如组织氛围、组织认同、人际关系等进行控制，分析工作特征、自我效能感、建言行为等相关变量间的关系假设是否仍然能通过检验；第三，分别将组织支持感和工作投入作为工作特征和建言行为的中介变量，通过数据分析检验中介关系，拓展建言行为相关理论研究；第四，依据本研究的设计，在有明显特色的不同地域分别进行抽样，以观察结果是否显著并分析特定区域情景对工作特征与建言行为关系的影响。

参考文献

［1］彭娇子，张亚军，肖小虹．谦卑型领导对员工建言的影响机制研究［J］．领导科学，2016（23）：41－43.

［2］李君锐，李万明．工作自主性、心理可得性与员工建言行为：差错反感文化的调节作用［J］．中国人力资源开发，2016（15）：66－72.

［3］李燕萍，刘宗华，郑馨怡．组织认同对建言的影响：基于组织的自尊和工作价值观的作用［J］．商业经济与管理，2016（3）：46－55.

［4］张晨，朱静，段锦云，田晓明．参与型领导与员工建言：自我建构的调节作用［J］．应用心理学，2016，22（1）：26－36.

［5］李万明，鲁春洋，程豹．魅力型领导与员工建言行为的关系：领导—成员交换的中介作用［J］．领导科学，2016（8）：30－33.

［6］周建涛．谦逊领导与员工建言：一个中介—调节模型［J］．中国人力资源开发，2016（5）：34－40.

［7］颜爱民，李歌．企业社会责任对员工行为的跨层分析——外部荣誉感和组织支持感的中介作用［J］．管理评论，2016，28（1）：121－129.

［8］韩宏稳．新生代员工为何频频离职——基于组织公平视角的实证研究［J］．贵州财经大学学报，2016（1）：61－69.

［9］段锦云，张倩，黄彩云．建言角色认同及对员工建言行为的影响机制研究［J］．南开管理评论，2015，18（5）：65－74，150.

［10］王红勤．组织支持感与员工建言关系——基于主动性人格分析［J］．对外经贸，2015（7）：122－123.

［11］赵波，徐昳．江苏快递企业员工组织支持感、工作嵌入与工作绩效的相关性研究［J］．江苏社会科学，2015（3）：266－272.

［12］冉霞，杨倩．相对领导—成员交换对员工建言行为的影响［J］．商业研究，2015（5）：130－136.

［13］钱士茹，丁明明，孔苓，伍婷．领导—部属交换、内部人身份认知与员工建言——以组织身份吸引力为调节的实证研究［J］．科学决策，2015（4）：1－20.

［14］孙健敏，陆欣欣，孙嘉卿．组织支持感与工作投入的曲线关系及其边界条件［J］．管理科学，2015，28（2）：93－102.

［15］粟露．企业员工工作特征和心理授权的关系［J］．宿州教育学院学报，2015，18（1）：161－162.

［16］孙瑜，王惊．变革型领导和员工建言：心理授权的中介作用［J］．税务与经济，2015（1）：28－33.

［17］马贵梅，樊耘，门一，等．权威领导影响下属建言行为的双元心理机制［J］．预测，2014，33（6）：1－7.

［18］刘芳，徐敏．变革型领导、工作特征与职业满意度的关系研究——基于安徽省文化产业调研数据［J］．安徽工业大学学报（自然科学版），2014，31（4）：444－449.

［19］段锦云，黄彩云．变革型领导对员工建言的影响机制再探：自我决定的视角［J］．南开管理评论，2014，17（4）：98－109.

［20］张方方．基于工作特征模型探讨提高员工创造力的方法［J］．商场现代化，2014（14）：104－105.

［21］王忠，熊立国，郭欢．知识员工创造力人格、工作特征与个人创新绩效［J］．商业研究，2014（5）：108－114.

［22］梁建．道德领导与员工建言：一个调节—中介模型的构建与检验［J］．心理学报，2014，46（2）：252－264.

［23］兰玉杰，张晨露．新生代员工工作满意度与离职倾向关系研究

[J]. 经济管理，2013，35（9）：81－88.

[24] 李伟，梅继霞. 内在动机与员工绩效：基于工作投入的中介效应 [J]. 管理评论，2013，25（8）：160－167.

[25] 向常春，龙立荣. 参与型领导与员工建言：积极印象管理动机的中介作用 [J]. 管理评论，2013，25（7）：156－166.

[26] 周红云. 工作特征、组织公民行为与公务员工作满意度 [J]. 中南财经政法大学学报，2012（6）：131－136.

[27] 周建涛，廖建桥. 为何中国员工偏好沉默——威权领导对员工建言的消极影响 [J]. 商业经济与管理，2012（11）：71－81.

[28] 苗仁涛，孙健敏，刘军. 基于工作态度的组织支持感与组织公平对组织公民行为的影响研究 [J]. 商业经济与管理，2012（9）：29－40.

[29] 曹威麟，谭敏，梁樑. 自我领导与个体创新行为——一般自我效能感的中介作用 [J]. 科学学研究，2012，30（7）：1110－1118.

[30] 段锦云，魏秋江. 建言效能感结构及其在员工建言行为发生中的作用 [J]. 心理学报，2012，44（7）：972－985.

[31] 杨红明，刘耀中. 工作特征对知识员工敬业度作用的实证研究：基于内在动机视角 [J]. 科技管理研究，2012，32（11）：169－174.

[32] 张红琪，鲁若愚，蒋洋. 服务企业员工自我领导对创新行为的影响研究——以自我效能为中介变量 [J]. 研究与发展管理，2012，24（2）：94－103.

[33] 周浩，龙立荣. 变革型领导对下属进谏行为的影响：组织心理所有权与传统性的作用 [J]. 心理学报，2012，44（3）：388－399.

[34] 段锦云，田晓明. 组织内信任对员工建言行为的影响研究 [J]. 心理科学，2011，34（6）：1458－1462.

[35] 段锦云，凌斌. 中国背景下员工建言行为结构及中庸思维对其的影响 [J]. 心理学报，2011，43（10）：1185－1197.

[36] 王端旭，赵轶. 工作自主性、技能多样性与员工创造力：基于

个性特征的调节效应模型 [J]. 商业经济与管理，2011 (10)：43 – 50.

[37] 周明建，侍水生，蒋建军. 人—岗匹配与工作态度：自我效能感的中介作用 [J]. 工业工程与管理，2011，16 (5)：123 – 129.

[38] 孟慧，宋继文，孙志强，王崴. 变革型领导如何影响员工的工作结果：一个有中介的调节作用分析 [J]. 心理科学，2011，34 (5)：1167 – 1173.

[39] 段锦云，田晓明，孔瑜，王先辉. 组织支持感对员工进谏行为的影响机制 [J]. 心理研究，2011，4 (2)：65 – 69.

[40] 吴隆增，曹昆鹏，陈苑仪，唐贵瑶. 变革型领导行为对员工建言行为的影响研究 [J]. 管理学报，2011，8 (1)：61 – 66，80.

[41] 邓今朝. 团队成员目标取向与建言行为的关系：一个跨层分析 [J]. 南开管理评论，2010，13 (5)：12 – 21.

[42] 李锐. 职场排斥对员工职外绩效的影响：组织认同和工作投入的中介效应 [J]. 管理科学，2010，23 (3)：23 – 31.

[43] 汪林，储小平，黄嘉欣，陈戈. 与高层领导的关系对经理人"谏言"的影响机制——来自本土家族企业的经验证据 [J]. 管理世界，2010 (5)：108 – 117，140.

[44] 钱源源，宝贡敏. 组织承诺组合与员工建言行为关系的实证研究 [J]. 经济管理，2010，32 (5)：64 – 68.

[45] 李锐，凌文辁，方俐洛. 上司支持感知对下属建言行为的影响及其作用机制 [J]. 中国软科学，2010 (4)：106 – 115.

[46] 田喜洲，谢晋宇. 组织支持感对员工工作行为的影响：心理资本中介作用的实证研究 [J]. 南开管理评论，2010，13 (1)：23 – 29.

[47] 李锐，凌文辁，柳士顺. 上司不当督导对下属建言行为的影响及其作用机制 [J]. 心理学报，2009，41 (12)：1189 – 1202.

[48] 佟丽君，吕娜. 组织公正、心理授权与员工进谏行为的关系研究 [J]. 心理科学，2009，32 (5)：1067 – 1069，1066.

[49] 冯旭，鲁若愚，彭蕾. 服务企业员工个人创新行为与工作动机、自我效能感关系研究 [J]. 研究与发展管理，2009，21 (3)：42 - 49.

[50] 王婷，高博，刘君，孙鉴，甘怡群. 科研技术人员核心自我评价与工作倦怠、工作投入的结构方程分析 [J]. 应用心理学，2009，15 (2)：148 - 154.

[51] 梁建，唐京. 员工合理化建议的多层次分析：来自本土连锁超市的证据 [J]. 南开管理评论，2009，12 (3)：125 - 134.

[52] 段锦云，王重鸣，钟建安. 大五和组织公平感对进谏行为的影响研究 [J]. 心理科学，2007 (1)：19 - 22.

[53] 凌文辁，杨海军，方俐洛. 企业员工的组织支持感 [J]. 心理学报，2006 (2)：281 - 287.

[54] 陆昌勤，凌文辁，方俐洛. 管理自我效能感与管理者工作态度和绩效的关系 [J]. 北京大学学报（自然科学版），2006 (2)：276 - 280.

[55] 段锦云，钟建安. 组织中的进谏行为 [J]. 心理科学，2005 (1)：69 - 71.

[56] 陆昌勤，凌文辁，方俐洛. 管理自我效能感与一般自我效能感的关系 [J]. 心理学报，2004 (5)：586 - 592.

[57] 王才康，胡中锋，刘勇. 一般自我效能感量表的信度和效度研究 [J]. 应用心理学，2001 (1)：37 - 40.

[58] 罗胜强，姜嬿. 管理学问卷调查研究方法 [M]. 重庆：重庆大学出版社，2014.

[59] 吴明隆. SPSS 统计应用实务：问卷分析与应用统计 [M]. 北京：科学出版社，2003.

[60] 吴明隆. 问卷统计分析实务——SPSS 操作与应用 [M]. 重庆：重庆大学出版社，2010.

[61] ADAMS J S. Inequity in Social Exchange [J]. Advances in Experimental Social Psychology，1966，2 (4)：267 - 299.

[62] AGGARWAL GUPTA, VOHRA BHATNAGAR, et al. Perceived Organizational Support and Organizational Commitment: The Mediational Influence of Psychological Well - Being [J]. Journal of Business and Management, 2005, 16 (3 -4): 243 -250.

[63] AHEARNE M, MICHAEL J, RAPP A. To Empower or Not to Empower Your Sales Force? An Empirical Examination of the Influence of Leadership Empowerment Behavior on Customer Satisfaction and Performance [J]. Journal of Applied Psychology, 2005, 90 (5): 945 -955.

[64] AIRILA A, HAKANEN J, PUNAKALLIO A, et al. Is Work Engagement Related to Work Ability Beyond Working Conditions and Lifestyle Factors? [J]. International Archives of Occupational and Environmental Health, 2012, 85 (8): 915 -925.

[65] GENE M ALARCON, JEAN M EDWARDS. The Relationship of Engagement, Job Satisfaction and Turnover Intentions [J]. Stress and Health, 2011, 27 (3): 294 -298.

[66] ALI S A M, SAID N A, YUNUS, NOOR'AIN MOHAMED, et al. Hackman and Oldham's Job Characteristics Model to Job Satisfaction [J]. Procedia Social and Behavioral Sciences, 2014, 129: 46 -52.

[67] ALLEN D G, SHANOCK L R. Perceived Organizational Support and Embeddedness as Key Mechanisms Connecting Socialization Tactics to Commitment and Turnover among New Employees [J]. Journal of Organizational Behavior, 2013, 34 (3): 350 -369.

[68] ALLEN D G, SHORE L M, GRIFFETH R W. The Role of Perceived Organizational Support and Supportive Human Resource Practices in the Turnover Process [J]. Journal of Management, 2003, 29 (1): 99 -118.

[69] NARGIS ASAD, SAIPA KHAN. Relationship between Job - Stress and Burnout: Organizational Support and Creativity as Predictor Variables [J].

Pakistan Journal of Psychological Research, 2003, 18 (3/4): 139 - 149.

[70] ASELAGE J, EISENBERGER R. Perceived Organizational Support and Psychological Contracts: A Theoretical Integration [J]. Journal of Organizational Behavior, 2003, 24 (5): 491 - 509.

[71] BAE K S, CHUMA H, KATO T, et al. High Performance Work Practices and Employee Voice: A Comparison of Japanese and Korean Workers [J]. Industrial Relations, 2011, 50 (1): 1 - 29.

[72] BAKKER A B, DEMEROUTI E, BRUMMELHUIS L L T. Work Engagement, Performance, and Active Learning: The Role of Conscientiousness [J]. Journal of Vocational Behavior, 2012, 80 (2): 555 - 564.

[73] BANDURA A. Self - Efficacy: Toward a Unifying Theory of Behavioral Change. [J]. Psychol Rev, 1977, 84 (4): 139 - 161.

[74] BANDURA A. The Self System in Reciprocal Determinism [J]. American Psychologist, 1978, 33 (4): 344 - 358.

[75] BANDURA A. Perceived Self - Efficacy in Cognitive Development and Functioning [J]. Educational Psychologist, 1993, 28 (2): 117 - 148.

[76] BARON R M, KENNY D A. The Moderator - Mediator Variable Distinction in Social Psychological Research: Conceptual, Strategic, and Statistical Con - Siderations [J]. Journal of Personality and Social Psychology, 1986, 51 (6): 1173.

[77] BEHSON S J. Which Dominates? The Relative Importance of Work - Family Organizational Support and General Organizational Context on Employee Outcomes [J]. Journal of Vocational Behavior, 2002, 61 (1): 53 - 72.

[78] BHAL K T, ANSARI M A. Leader - Member Exchange - Subordinate Outcomes Relationship: Role of Voice and Justice [J]. The Leadership and Organization Development Journal, 2007, 28 (1/2): 20 - 35.

[79] BHANTHUMNAVIN D. Perceived Social Support from Supervisor and

Group Members' Psychological and Situational Characteristics as Predictors of Subordinate Performance in Thai Work Units [J]. Human Resource Development Quarterly, 2003, 14 (1): 79 -97.

[80] BONG, MIMI. Between - and within - Domain Relations of Academic Motivation among Middle and High School Students: Self - Efficacy, Task Value, and Achievement Goals [J]. Journal of Educational Psychology, 2001, 93 (1): 23 -34.

[81] BOTERO I C, VAN DYNE L. Employee Voice Behavior: Interactive Effects of LMX and Power Distance in the United States and Colombia [J]. Management Communication Quarterly, 2009, 23 (1): 84 -104.

[82] BRAFFORD L J, BECK K H. Development and Validation of a Condom Self - Efficacy Scale for College Students [J]. Journal of American College Health, 1991, 39 (5): 219 -225.

[83] BRITT T W. Black Hawk Down at Work [J]. Harvard Business Review, 2003, 81: 16 -17.

[84] BROCKNER J, HEUER L, SIEGEL P A, et al. The Moderating Effect of Self - Esteem in Reaction to Voice: Converging Evidence from Five Studies [J]. Journal of Personality and Social Psychology, 1998, 75 (2): 394 -407.

[85] BUYS M A, OLCKERS C, SCHAAP P. The Construct Validity of the Revised Job Diagnostic Survey [J]. South African Journal of Business Management, 2007, 38 (2): 33 -40.

[86] CAPRARA G V, BARBARANELLI C, STECA P, et al. Teachers' Elf - Efficacy Beliefs as Determinants of Job Satisfaction and Students' Academic Achievement: A Study at the School Level [J]. Journal of School Psychology, 2006, 44 (6): 473 -490.

[87] CHANG H T, HSU H M, LIOU J W, et al. Psychological Contracts and Innovative Behavior: A Moderated Path Analysis of Work Engagement and

Job Resources [J]. Journal of Applied Social Psychology, 2013, 43 (10): 2120 - 2135.

[88] CHARALAMBOUS A, RAFTOPOULOS V, TALIAS M A. The Confirmatory Factor Analysis of the Job Diagnostic Survey: The Oncology Nursing Setting [J]. Journal of Nursing Management, 2013, 21 (2): 273 - 282.

[89] CHARKHABI M, ALIMOHAMMADI S, CHARKHABi S. The Full Mediator Role of Job Satisfaction in Relationship between Job Characteristics and Health Outcomes in Hospital Nurses: A New Conceptual Model [J]. Procedia - Social and Behavioral Sciences, 2014, 159: 365 - 369.

[90] CHEN Z X, FRANCESCO A M. The Relationship between the Three Components of Commitment and Employee Performance in China [J]. Journal of Vocational Behavior, 2003, 62 (3): 490 - 510.

[91] CHEN Z, EISENBERGER R, JOHNSON K M, et al. Perceived Organizational Support and Extra - Role Performance: Which Leads to Which? [J]. Journal of Social Psychology, 2009, 149 (1): 119 - 124.

[92] CHEUNG M F Y. The Mediating Role of Perceived Organizational Support in the Effects of Interpersonal and Informational Justice on Organizational Citizenship Behaviors [J]. Leadership and Organization Development Journal, 2013, 34 (6): 551 - 572.

[93] CHEUNG M F Y, LAW M C C. Relationships of Organizational Justice and Organizational Identification: The Mediating Effects of Perceived Organizational Support in Hong Kong [J]. Asia Pacific Business Review, 2008, 14 (2): 213 - 231.

[94] COLARELLI S M, DEAN R A, KONSTANS C. Comparative Effects of Personal and Situational Influences on Job Outcomes of New Professionals [J]. Journal of Applied Psychology, 1987, 72 (4): 558 - 566.

[95] CONGER J A, KANUNGO R N. The Empowerment Process: In-

tegrating Theory and Practice. [J]. Academy of Management Review, 1988, 13 (3): 471 -482.

[96] COTTER E W, FOUAD N A. Examining Burnout and Engagement in Layoff Survivors: The Role of Personal Strengths [J]. Journal of Career Development, 2013, 40 (5): 424 -444.

[97] CRANT J M , KIM T Y, JIE W. Dispositional Antecedents of Demonstration and Usefulness of Voice Behavior [J]. Journal of Business and Psychology, 2011, 26 (3): 285 -297.

[98] CROPANZANO R. Social Exchange Theory: An Interdisciplinary Review [J]. Journal of Management, 2005, 31 (6): 874 -900.

[99] CROPANZANO R, HOWES J C, TOTH G P. The Relationship of Organizational Politics and Support to Work Behaviors, Attitudes, and Stress [J]. Journal of Organizational Behavior, 1997, 18 (2): 159 -180.

[100] CARSTEN K W, DE DREU, ANNELIES E M, VAN VIANEN. Managing Relationship Conflict and the Effectiveness of Organizational Teams [J]. Journal of Organizational Behavior, 2001, 22 (3): 309 -328.

[101] DE WAAL J J, PIENAAR J. Towards Understanding Causality Between Work Engagement and Psychological Capital [J]. Sa Journal of Industrial Psychology, 2013, 39 (2): 1 -10.

[102] DECI E L, RYAN R M. The General Causality Orientations Scale: Self - Determination in Personality [J]. Journal of Research in Personality, 1985, 19 (2): 109 -134.

[103] RYAN D R M. The "What" and "Why" of Goal Pursuits: Human Needs and the Self - Determination of Behavior [J]. Psychological Inquiry, 2000, 11 (4): 227 -268.

[104] DEKKER I, BARLING J. Workforce Size and Work - Related Role Stress [J]. Work and Stress, 1995, 9 (1): 45 -54.

[105] DETERT J R, BURRIS E R. Leadership Behavior and Employee Voice: Is the Door Really Open? [J]. Academy of Management Journal, 2007, 50 (4): 869 -884.

[106] DETERT J R, EDMONDSON A C. Implicit Voice Theories: Taken - for - Granted Rules of Self - Censorship at Work [J]. Academy of Management Journal, 2011, 54 (3): 461 -488.

[107] DEVARO J, LI R, BROOKSHIRE D. Analysing the Job Characteristics Model: New Support from a Cross - Section of Establishments [J]. International Journal of Human Resource Management, 2007, 18 (6): 986 - 1003.

[108] DIGMAN J M. Personality Structure: Emergence of the Five - Factor Model [J]. Annual Review of Psychology, 1990, 41 (1): 417 -440.

[109] DWYER D J, GANSTER D C. The Effects of Job Demands and Control on Employee Attendance and Satisfaction [J]. Journal of Organizational Behavior, 1991, 12 (7): 595 -608.

[110] DYNE L V, ANG S, BOTERO I C. Conceptualizing Employee Silence and Employee Voice as Multidimensional Constructs [J]. Journal of Management Studies, 2003, 40 (6): 1359 -1392.

[111] EDER P, EISENBERGER R. Perceived Organizational Support: Reducing the Negative Influence of Coworker Withdrawal Behavior [J]. Journal of Management Official Journal of The Southern Management Association, 2008, 34 (1): 55 -68.

[112] EDMONDSON A C. Speaking up in the Operating Room: How Team Leaders Promote Learning in Interdisciplinary Action Teams [J]. Journal of Management Studies, 2003, 40 (6): 1419 -1452.

[113] EISENBERGER R, HUNTINGTON R, HUTCHISON S, et al. Perceived Organizational Support [J]. Journal of Applied Psychology, 1986,

71 (3): 500 -507.

[114] EISENBERGER R, ARMELI S. Can Salient Reward Increase Creative Performance without Reducing Intrinsic Creative Interest? [J]. Journal of Personality and Social Psychology, 1997, 72 (3): 652 -663.

[115] EISENBERGER R, KARAGONLAR G, STINGLHAMBER F, et al. Leader - Member Exchange and Affective Organizational Commitment: The Contribution of Supervisor's Organizational Embodiment [J]. Journal of Applied Psychology, 2010, 95 (6): 1085 -1103.

[116] EZELL H F, ODEWAHN C A, BBA N A B I. An Analysis of Perceived Competence among Managers in Human Service Organizations [J]. Clinical Supervisor, 1993, 11 (1): 189 -201.

[117] FARH J L, HACKETT R D, LIANC J. Individual - Level Cultural Values as Moderators of Perceived Organizational Support - Employee Outcome Relationships in China: Comparing the Effects of Power Distance and Traditionality [J]. Academy of Management Journal, 2007, 50 (3): 715 -729.

[118] FARRELL D, RUSBULT C. Understanding the Retention Function: A Model of The Causes of Exit, Voice, Loyalty and Neglect Behaviors [J]. Personnel Administrator, 1985, 30 (4): 129 -140.

[119] FORD C M. A Theory of Individual Creative Action in Multiple Social Domains [J]. Academy of Management Review, 1996, 21 (4): 1112 -1142.

[120] FRESE M, KRING W, ZEMPEL S J. Personal Initiative at Work: Differences between East and West Germany [J]. Academy of Management Journal, 1996, 39 (1): 37 -63.

[121] FRESE M, TENG E, WIJNEN C J. Helping to Improve Suggestion Systems: Predictors of Making Suggestions in Companies [J]. Journal of Organizational Behavior, 1999, 20 (7): 1139 -1155.

[122] FRIED Y, FERRIS G R. The Validity of the Job Characteristics

Model: A Review and Meta - Analysis [J]. Personnel Psychology, 1987, 40 (2): 287 - 322.

[123] FULLER J B, BARNETT T, HESTER K, et al. An Exploratory Examination of Voice Behavior from an Impression Management Perspective [J]. Journal of Managerial Issues, 2007, 19 (1): 134 - 151.

[124] FULLER J B, HESTER M K. Promoting Felt Responsibility for Constructive Change and Proactive Behavior: Exploring Aspects of an Elaborated Model of Work Design [J]. Journal of Organizational Behavior, 2006, 27 (8): 1089 - 1120.

[125] GEORGE J M, BRIEF A P. Feeling Good - Doing Good: A Conceptual Analysis of the Mood at Work - Organizational Spontaneity Relationship [J]. Psychological Bulletin, 1992, 112 (2): 310 - 329.

[126] GEORGE J M, REED T F, BALLARD K A, COLIN J, FIELDING J. Contact with AIDS Patients as a Source of Work - Related Distress: Effects of Organizational and Social Support [J]. Academy of Management Journal, 1993, 36 (1): 157 - 171.

[127] GIST M E. The Influence of Training Method on Self - Efficacy and Idea Generation among Managers [J]. Personnel Psychology, 1989, 42 (4): 787 - 805.

[128] GIST M E, MITCHELL T R. Self - Efficacy: A Theoretical Analysis of Its Determinants and Malleability [J]. Academy of Management Review, 1992, 17 (2): 183 - 211.

[129] GRAHAM J W, DIENESCH R M, VAN DYNE L. Organizational Citizenship Behavior: Construct Redefinition, Measurement, and Validation [J]. Academy of Management Journal, 1994, 37 (4): 765 - 802.

[130] HACKMAN J R, OLDHAM G R. Development of the Job Diagnostic Survey [J]. Journal of Applied Psychology, 1975, 60 (2): 159 - 170.

[131] HACKMAN J R, OLDHAM G R. Motivation Through the Design of Work: Test of a Theory [J]. Organizational Behavior and Human Performance, 1976, 16 (2): 250 – 279.

[132] HACKMAN J R, OLDHAM G, JANSON R, et al. A New Strategy for Job Enrichment [J]. California Management Review, 1975, 17 (4): 57 – 71.

[133] HAGEDOORN M, VAN YPEREN N W, VAN DE VLIERT E, BUUNK B P. Employees' Reactions to Problematic Events: A Circumplex Structure of Five Categories of Responses, and the Role of Job Satisfaction [J]. Journal of Organizational Behavior, 1999, 20 (3): 309 – 321.

[134] HAKANEN J J, SCHAUFELI W B. Do Burnout and Work Engagement Predict Depressive Symptoms and Life Satisfaction? A Three – Wave Seven – Year Prospective Study [J]. Journal of Affective Disorders, 2012, 141 (2): 415 – 424.

[135] HARRIS R B, HARRIS K J, HARVEY P. A Test of Competing Models of the Relationships among Perceptions of Organizational Politics, Perceived Organizational Support and Individual Outcomes [J]. The Journal of Social Psychology, 2007, 147 (6): 631 – 656.

[136] HARVEY R J, BILLINGS R S, NILAN K J. Confirmatory Factor Analysis of the Job Diagnostic Survey: Good News and Bad News [J]. Journal of Applied Psychology, 1985, 70 (3): 461 – 468.

[137] HAYTON J C, CARNABUCI G, EISENBERGER R. With a Little Help from My Colleagues: A Social Embeddedness Approach to Perceived Organizational Support [J]. Journal of Organizational Behavior, 2012, 33 (2): 235 – 249.

[138] HOBFOLL S E. Conservation of Resources: A New Attempt at Conceptualizing Stress [J]. American Psychologist, 1989, 44 (3): 513 – 524.

[139] HSIUNG H H. Authentic Leadership and Employee Voice Behavior: A Multi – Level Psychological Process [J]. Journal of Business Ethics, 2012,

107 (3): 349 -361.

[140] HSU L C, LIAO P W. From Job Characteristics to Job Satisfaction of Foreign Workers in Taiwan's Construction Industry: The Mediating Role of Organizational Commitment [J]. Human Factors and Ergonomics in Manufacturing and Service Industries, 2016, 26 (2): 243 -255.

[141] HUTCHISON S. A Path Model of Perceived Organizational Support [J]. Journal of Social Behavior and Personality, 1997, 12 (1): 159 -174.

[142] IDASZAK J R, DRASGOW F. A Revision of The Job Diagnostic Survey: Elimination of a Measurement Artifact [J]. Journal of Applied Psychology, 1987, 72 (1): 69 -74.

[143] JANSSEN O, VAN YPEREN N W. Employees' Goal Orientations, the Quality of Leader - Member Exchange, and the Outcomes of Job Performance and Job Satisfaction [J]. Academy of Management Journal, 2004, 47 (3): 368 -384.

[144] JANSSEN O, VRIES T D, COZIJNSEN A J. Voicing by Adapting and Innovating Employees: An Empirical Study on How Personality and Environment Interact to Affect Voice Behavior [J]. Human Relations, 1998, 51 (7): 945 -967.

[145] JOHLKE M C, STAMPER C L, SHOEMAKER M E. Antecedents to Boundary - Spanner Perceived Organizational Support [J]. Journal of Managerial Psychology, 2002, 17 (2): 116 -128.

[146] JOHNSON J V, HALL E M. Job Strain, Work Place Social Support, and Cardiovascular Disease: A Cross - Sectional Study of a Random Sample of the Swedish Working Population [J]. American Journal of Public Health, 1988, 78 (10): 1336 -1342.

[147] JOO Y J, BONG M, CHOI H J. Self - Efficacy for Self - Regulated Learning, Academic Self - Efficacy, and Internet Self - Efficacy in Web - Based

Instruction [J]. Educational Technology Research and Development, 2000, 48 (2): 5-17.

[148] KAHN W A. Psychological Conditions of Personal Engagement and Disengagement at Work [J]. Academy of Management Journal, 1990, 33 (4): 692-724.

[149] KARASEK R A J. Job Demands, Job Decision latitude, and Mental strain: Implications for Job Redesign [J]. Administrative Science Quarterly, 1979 (24): 285-308.

[150] KATARIA A, GARG P, RASTOGI R. Does Psychological Climate Augment OCBs? The Mediating Role of Work Engagement [J]. The Psychologist Manager Journal, 2013, 16 (4): 217-242.

[151] KATRINLI A, ATABAY G, GUNAY G, et al. Exploring the Antecedents of Organizational Identification: The Role of Job Dimensions, Individual Characteristics and Job Involvement [J]. Journal of Nursing Management, 2009, 17 (1): 66-73.

[152] KATSIKEA E, THEODOSIOU M, PERDIKIS N, et al. The Effects of Organizational Structure and Job Characteristics on Export Sales Managers' Job Satisfaction and Organizational Commitment [J]. Journal of World Business, 2011, 46 (2): 221-233.

[153] KOTTKE J L, SHARAFINSKI C E. Measuring Perceived Supervisory and Organizational Support [J]. Educational and Psychological Measurement, 1988, 48 (4): 1075-1079.

[154] KRAIMER M L, WAYNE S J. An Examination of Perceived Organizational Support as a Multidimensional Construct in the Context of an Expatriate Assignment [J]. Journal of Management, 2004, 30 (2): 209-237.

[155] KRISHNAN R, OMAR R, ISMAIL I R, ALIAS M A, et al. Job Satisfaction as a Potential Mediator between Motivational Job Characteristics and

Organizational Citizenship Behavior: Evidence from Malaysia [J]. Journal of Information Technology and Economic Development, 2010, 1 (1): 86 -110.

[156] KRISTOF A L. Person - Organization Fit: An Integrative Review of Its Conceptualizations, Measurement and Implications [J]. Personnel Psychology, 2006, 49 (1): 1 -49.

[157] LENT R W, HACKETT G N. Career Self - Efficacy: Empirical Status and Future Directions [J]. Journal of Vocational Behavior, 1987, 30 (3): 347 -382.

[158] LEPINE J A, VAN DYNE L. Predicting Voice Behavior in Work Groups [J]. Journal of Applied Psychology, 1998, 83 (6): 853 -868.

[159] LEPINE J A, VAN DYNE L. Voice and Cooperative Behavior as Contrasting Forms of Contextual Performance: Evidence of Differential Relationships with Big Five Personality Characteristics and Cognitive Ability [J]. Journal of Applied Psychology, 2001, 86 (2): 326 -336.

[160] LIANG J, FARH C I C, FARH J L. Psychological Antecedents of Promotive and Prohibitive Voice: A Two - Wave Examination [J]. Academy of Management Journal, 2012, 55 (1): 71 -92.

[161] LIND E A, KANFER R, EARLEY P C. Voice, Control and Procedural Justice: Instrumental and Noninstrumental Concerns in Fairness Judgments [J]. Journal of Personality and Social psychology, 1990, 59 (5): 952.

[162] LIU W, ZHU R, YANG Y. I Warn You Because I Like You: Voice Behavior, Employee Identifications, and Transformational Leadership [J]. Leadership Quarterly, 2010, 21 (1): 189 -202.

[163] LOI R, HANG - YUE N, FOLEY S. Linking Employees' Justice Perceptions to Organizational Commitment and Intention to Leave: The Mediating Role of Perceived Organizational Support [J]. Journal of Occupational and Organizational Psychology, 2006, 79 (1): 101 -120.

[164] MAERTZ C P, GRIFFETH R W, CAMPBELL N S, ALLEN D G. The Effects of Perceived Organizational Support and Perceived Supervisor Support on Employee Turnover [J]. Journal of Organizational Behavior, 2007, 28 (8): 1059 -1075.

[165] MEYER J P, SMITH C A. HRM Practices and Organizational Commitment: Test of a Mediation Model [J]. Canadian Journal of Administrative Sciences, 2000, 17 (4): 319 -331.

[166] MEYERDING S G H. Job Characteristics and Job Satisfaction: A Test of Warr's Vitamin Model in German Horticulture [J]. The Psychologist - Manager Journal, 2015, 18 (2): 86 -107.

[167] MIAO R T. Perceived Organizational Support, Job Satisfaction, Task Performance and Organizational Citizenship Behavior in China [J]. Journal of Behavioral and Applied Management, 2011, 12 (2): 105 -127.

[168] MILLIKEN F J, MORRISON E W, HEWLIN P F. An Exploratory Study of Employee Silence: Issues That Employees Don't Communicate Upward and Why [J]. Journal of Management Studies, 2003, 40 (6): 1453 -1476.

[169] MOORMAN R H, NIEHOFF B B P. Does Perceived Organizational Support Mediate the Relationship Between Procedural Justice and Organizational Citizenship Behavior? [J]. Academy of Management Journal, 1998, 41 (3): 351 -357.

[170] MORRISON E W. Employee Voice Behavior: Integration and Directions for Future Research [J]. The Academy of Management Annals, 2011, 5 (1): 373 -412.

[171] MOTOWILDO S J, BORMAN W C, SCHMIT M J. A Theory of Individual Differences in Task and Contextual Performance [J]. Human Performance, 1997, 10 (2): 71 -83.

[172] NEWMAN A, SHEIKH A Z. Organizational Rewards and Employee

Commitment: A Chinese Study [J]. Journal of Managerial Psychology, 2012, 27 (1): 71 -89.

[173] NG T W H, FELDMAN D C. Employee Voice Behavior: A Meta - Analytic Test of the Conservation of Resources Framework [J]. Journal of Organizational Behavior, 2012, 33 (2): 216 -234.

[174] NIKOLAOU I, VAKOLA M, BOURANTAS D. Who Speaks up at Work? Dispositional Influences on Employees' Voice Behavior [J]. Personnel Review, 2008, 37 (6): 666 -679.

[175] NORUZY A, SHATERY K, REZAZADEH A, HATAMI - SHIRKOUHI L. Investigation The Relationship between Organizational Justice and Organizational Citizenship Behavior: The Mediating Role of Perceived Organizational Support [J]. Indian Journal of Science and Technology, 2011, 4 (7): 842 -847.

[176] O'DRISCOLL M P, RANDALL D M. Perceived Organizational Support, Satisfaction with Rewards and Employee Job Involvement and Organisational Commitment [J]. Applied Psychology, 1999, 48 (2): 197 -209.

[177] OLDHAM G R, CUMMINGS A. Employee Creativity: Personal and Contextual Factors at Work [J]. Academy of Management Journal, 1996, 39 (3): 607 -634.

[178] OUWENEEL E, LE BLANC P M, SCHAUFELI W B, VAN WIJHE C I. Good Morning, Good Day: A Diary Study on Positive Emotions, Hope and Work Engagement [J]. Human Relations, 2012, 65 (9): 1129 -1154.

[179] PAJARES F, GRAHAM L. Self - Efficacy, Motivation Constructs and Mathematics Performance of Entering Middle School Students [J]. Contemporary Educational Psychology, 1999, 24 (2): 124 -139.

[180] PEARCE J L, GREGERSEN H B. Task Interdependence and Extrarole Behavior: A Test of the Mediating Effects of Felt Responsibility [J]. Journal of Applied Psychology, 1991, 76 (6): 838 -844.

[181] PIDERIT S K, ASHFORD S J. Breaking Silence: Tactical Choices Women Managers Make in Speaking up about Gender – Equity Issues [J]. Journal of Management Studies, 2003, 40 (6): 1477 – 1502.

[182] PORTER L W, STEERS R M, MOWDAY R T, et al. Organizational Commitment, Job Satisfaction and Turnover Among Psychiatric Technicians [J]. Journal of Applied Psychology, 1974, 59 (5): 603 – 609.

[183] PREMEAUX S F, BEDEIAN A G. Breaking the Silence: The Moderating Effects of Self – Monitoring in Predicting Speaking up in The Workplace [J]. Journal of Management Studies, 2003, 40 (6): 1537 – 1562.

[184] PRICE K H, LAVELLE J J, HENLEY A B, COCCHIARA F K, BUCHANAN F R. Judging the Fairness of Voice – Based Participation Across Multiple and Interrelated Stages of Decision Making [J]. Organizational Behavior and Human Decision Processes, 2006, 99 (2): 212 – 226.

[185] REDMOND M R, MUMFORD M D, TEACH R. Putting Creativity to Work: Effects of Leader Behavior on Subordinate Creativity [J]. Organizational Behavior and Human Decision Processes, 1993, 55 (1): 120 – 151.

[186] RHOADES L, EISENBERGER R. Perceived Organizational Support: A Review of the Literature [J]. Journal of Applied Psychology, 2002, 87 (4): 698 – 714.

[187] RICH B L, LEPINE J A, CRAWFORD E R. Job Engagement: Antecedents and Effects on Job Performance [J]. Academy of Management Journal, 2010, 53 (3): 617 – 635.

[188] ROBERTSON I T, SADRI G. Managerial Self – Efficacy and Managerial Performance [J]. British Journal of Management, 1993, 4 (1): 37 – 45.

[189] ROYLE M T, HALL A T, HOCHWARTER W A, PERREWE P L, FERRIS G R. The Interactive Effects of Accountability and Job Self – Efficacy on Organizational Citizenship Behavior and Political Behavior [J]. Organization-

al Analysis, 2005, 13 (1): 53 -71.

[190] RUSBULT C E, FARRELL D. A Longitudinal Test of the Investment Model: The Impact on Job Satisfaction, Job Commitment, and Turnover of Variations in Rewards, Costs, Alternatives and Investments [J]. Journal of Applied Psychology, 1983, 68 (3): 429 -438.

[191] RUSBULT C E, FARRELL D, ROGERS G, et al. Impact of Exchange Variables on Exit, Voice, Loyalty and Neglect: An integrative Model of Responses to Declining Job Satisfaction [J]. Academy of Management Journal, 1988, 31 (3): 599 -627.

[192] SAEKOO A. Examining the Effect of Trust, Procedural Justice, Perceived Organizational Support, Commitment and Job Satisfaction in Royal Thai Police: The Empirical Investigation in Social Exchange Perspective [J]. Journal of Academy of Business and Economics, 2011, 11 (3): 229 -237.

[193] SAKS A M. Longitudinal Field Investigation of the Moderating and Mediating Effects of Self - Efficacy on the Relationship between Training and Newcomer Adjustment [J]. Journal of Applied Psychology, 1995, 80 (2): 211 -225.

[194] SAKS A M. Antecedents and Consequences of Employee Engagement [J]. Journal of Managerial Psychology, 2006, 21 (7): 600 -619.

[195] SAUNDERS D M, SHEPPARD B H, KNIGHT V, et al. Employee Voice to Supervisors [J]. Employee Responsibilities and Rights Journal, 1992, 5 (3): 241 -259.

[196] SCHAUFELI W B, BAKKER A B, SALANOVA M. The Measurement of Work Engagement with a Short Questionnaire: A Cross - National Study [J]. Educational and Psychological Measurement, 2006, 66 (4): 701 -716.

[197] SCHAUFELI W B, SALANOVA M, GONZALEZ - ROMA V, et al. The Measurement of Engagement and Burnout: A Two Sample Confirmatory Factor Analytic Approach [J]. Journal of Happiness Studies, 2002, 3 (1):

71 －92.

[198] SCHNEIDER B. The People Make the Place [J]. Personnel Psychology, 1987, 40 (3): 437 －453.

[199] SEASHORE S E, TABER T D. Job Satisfaction Indicators and Their Correlates [J]. American Behavioral Scientist, 1975, 18 (3): 333 －368.

[200] SHALHOOP J H. Social －Exchange as a Mediator of the Relationship between Organizational Justice and Workplace Outcomes [J]. The Sciences and Engineering, 2004, 64: 52 －64.

[201] SHERER M, MADDUX J E, MERCANDANTE B, et al. The Self －Efficacy Scale: Construction and Validation [J]. Psychological Reports, 1982, 51 (2): 663 －671.

[202] SHIMAZU A, SCHAUFELI W B, KUBOTA K, et al. Do Workaholism and Work Engagement Predict Employee Well －Being and Performance in Opposite Directions? [J]. Industrial Health, 2012, 50 (4): 316 －321.

[203] SHORE L M, WAYNE S J. Commitment and Employee Behavior: Comparison of Affective Commitment and Continuance Commitment with Perceived Organizational Support [J]. Journal of Applied Psychology, 1993, 78 (5): 774 －780.

[204] SHORE T, SY T, STRAUSS J. Leader Responsiveness, Equity Sensitivity and Employee Attitudes and Behavior [J]. Journal of Business and Psychology, 2006, 21 (2): 227 －241.

[205] SHOSS M K, EISENBERGER R, RESTUBOG S L D, et al. Blaming the Organization for Abusive Supervision: The Roles of Perceived Organizational Support and Supervisor's Organizational Embodiment [J]. Journal of Applied Psychology, 2013, 98 (1): 158 －168.

[206] SIMS H P, SZILAGYI A D, KELLER R T. The Measurement of Job Characteristics [J]. Academy of Management Journal, 1976, 19 (2): 195 －

212.

[207] SPECTOR P E, JEX S M. Relations of Job Characteristics from Multiple Data Sources with Employee Affect, Absence, Turnover Intentions and Health [J]. Journal of Applied Psychology, 1991, 76 (1): 46 –53.

[208] STAJKOVIC A D, LUTHANS F. Self – Efficacy and Work – Related Performance: A Meta – Analysis [J]. Psychological Bulletin, 1998, 124 (2): 240 –261.

[209] STAJKOVIC A D, LEE D, NYBERG A J. Collective Efficacy, Group Potency and Group Performance: Meta – Analyses of Their Relationships and Test of a Mediation Model [J]. Journal of Applied Psychology, 2009, 94 (3): 814 –828.

[210] STAMPER C L, DYNE L V. Work Status and Organizational Citizenship Behavior: A Field Study of Restaurant Employees [J]. Journal of Organizational Behavior, 2001, 22 (5): 517 –536.

[211] SUSSKIND A M, BORCHGREVINK C P, KACMAR K M, BRYMER R A. Customer Service Employees' Behavioral Intentions and Attitudes: An Examination of Construct Validity and a Path Model [J]. International Journal of Hospitality Management, 2000, 19 (1): 53 –77.

[212] TAKEUCHI R, CHEN Z, CHEUNG S Y. Applying Uncertainty Management Theory to Employee Voice Behavior: An Integrative Investigation [J]. Personnel Psychology, 2012, 65 (2): 283 –323.

[213] TYAGI P K. Relative Importance of Key Job Dimensions and Leadership Behaviors in Motivating Salesperson Work Performance [J]. Journal of Marketing, 1985, 49 (3): 76 –86.

[214] VAKOLA M, BOURADAS D. Antecedents and Consequences of Organizational Silence: An Empirical Investigation [J]. Employee Relations, 2005, 27 (5): 441 –458.

[215] VAN DEN BOS K, LIND E A. Uncertainty Management by Means of Fairness Judgments [J]. Advances in Experimental Social Psychology, 2002, 34 (34): 1 - 60.

[216] VAN DYNE L, LEPINE J A. Helping and Voice Extra - Role Behaviors: Evidence of Construct and Predictive Validity [J]. Academy of Management Journal, 1998, 41 (1): 108 - 119.

[217] VAN DYNE L, VANDEWALLE D, KOSTOVA T, LATHAM M E, CUMMINGS L L. Collectivism, Propensity to Trust and Self - Esteem as Predictors of Organizational Citizenship in a Non - Work Setting [J]. Journal of Organizational Behavior, 2000, 21 (1): 3 - 23.

[218] VANDEWALLE D, VAN DYNE L, KOSTOVA T. Psychological Ownership: An Empirical Examination of Its Consequences [J]. Group and Organization Management, 1995, 20 (2): 210 - 226.

[219] VENKATARAMANI V, TANGIRALA S. When and Why do Central Employees Speak Up? An Examination of Mediating and Moderating Variables [J]. Journal of Applied Psychology, 2010, 95 (3): 582 - 591.

[220] WALUMBWA F O, SCHAUBROECK J. Leader Personality Traits and Employee Voice Behavior: Mediating Roles of Ethical Leadership and Work Group Psychological Safety [J]. Journal of Applied Psychology, 2009, 94 (5): 1275 - 1286.

[221] WANG Y D, HSIEH H H. Toward A Better Understanding of the Link between Ethical Climate and Job Satisfaction: A Multilevel Analysis [J]. Journal of Business Ethics, 2012, 105 (4): 535 - 545.

[222] WATSON D. Basic Problems in Positive Mood Regulation [J]. Psychological Inquiry, 2000, 11 (3): 205 - 209.

[223] WAYNE S J, SHORE L M, LIDEN R C. Perceived Organizational Support and Leader - Member Exchange: A Social Exchange Perspective [J].

Academy of Management Journal, 1997, 40 (1): 82 – 111.

[224] WEFALD A J, MILLS M J, SMITH M R, et al. A Comparison of Three Job Engagement Measures: Examining Their Factorial and Criterion – Related Validity [J]. Applied Psychology: Health and Well – Being, 2012, 4 (1): 67 – 90.

[225] WITHEY M J, COOPER W H. Predicting Exit, Voice, Loyalty and Neglect [J]. Administrative Science Quarterly, 1989, 34 (4): 521 – 539.

[226] XANTHOPOULOU D, BAKKER A B, DEMEROUTI E, et al. Work Engagement and Financial Returns: A Diary Study on the Role of Job and Personal Resources [J]. Journal of Occupational and Organizational Psychology, 2009, 82 (1): 183 – 200.

[227] YOON J, LIM J C. Organizational Support in the Workplace: The Case of Korean Hospital Employees [J]. Human Relations, 1999, 52 (7): 923 – 945.

[228] ZHANG J X, SCHWARZER R. Measuring Optimistic Self – Beliefs: A Chinese Adaptation of the General Self – Efficacy Scale [J]. Psychologia, 1995, 38 (3): 174 – 181.

[229] ASHTON P T, WEBB R B. Making A Difference: Teachers' Sense of Efficacy and Student Achievement [M]. London: Longman Publishing Group, 1986.

[230] BANDURA A. Social Foundations of Thought and Action: A Social Cognitive Theory [M]. New Jersey: Prentice – Hall, 1986.

[231] BANDURA A. Self – Efficacy in Changing Societies [M]. Cambridge: Cambridge University Press, 1995.

[232] BANDURA A. Self – Efficacy: The Exercise of Control [M]. New York: W H Freeman and Company, 1997.

[233] BANDURA A. Guide for Constructing Self – Efficacy Scales [M].

California: Stanford University Press, 2001.

[234] BLAU P M. Exchange and Power in Social Life [M]. New York: Wiley, 1964.

[235] CROPANZANO R, AMBROSE M L, GREENBERG J. Procedural and Distributive Justice are More Similar Than You Think: A Monistic Perspective and A Research Agenda [M]. California: Stanford University Press, 2001.

[236] DECI E L, RYAN R M. Intrinsic Motivation [M]. New York: John Wiley & Sons, 1975.

[237] DECI E L, RYAN R M. (Eds.). Handbook of Self - Determination Research [M]. New York: University of Rochester Press, 2002.

[238] GORSUCH R L. Factor Analysis [M]. Hillsdale, NJ: Lawrence Erlbaum, 1983.

[239] HACKMAN J R, OLDHAM G R. Work Redesign [M]. MA: Addison - Wesley, 1980.

[240] HIRSCHMAN A O. Exit, Voice and Loyalty: Responses to Decline in Firms, Organizations and States [M]. Cambridge: Harvard University Press, 1970.

[241] MASLACH C, LEITER M P. The Truth About Burnout: How Organizations Cause Personal Stress and What to Do about It [M]. San Francisco: Jossey - Bass Publishers, 1997.

[242] MC MILLIN R. Customer Satisfaction and Organizational Support for Service Providers [M]. Gaineville: University of Florida, 1997.

[243] MOWDAY R T, PORTER L W, STEERS R M. Employee - Organization Linkage: The Psychology of Commitment, Absenteeism, and Turnover [M]. New York: Academic Press, 1982.

[244] PAJARES F, SCHUNK D H. The Development of Academic Self - Efficacy, Development of Achievement Motivation [M]. San Diego: Academic

Press, 2003.

[245] SCHAUFELI W B, BAKKER A B. UWES – Utrecht Work Engagement Scale: Test Manual [M]. Utrecht: Utrecht University, 2003.

[246] SHIROM A. Feeling Vigorous at Work? The Construct of Vigor and the Study of Positive Affect in Organizations [M]. Howard: Emerald Group Publishing Limited, 2003.

[247] TAYLOR F W. The Principles of Scientific Management [M]. New York: Harper & Brothers, 1911.

[248] TURNER A N, LAWRENCE P R. Industrial Jobs and the Worker [M]. Boston: Harvard Graduate School of Business Administration, 1965.

[249] WARR P. Work, Unemployment and Mental Health [M]. Oxford: Oxford University Press, 1987.

附录A　上司问卷

【学术研究问卷】

尊敬的先生/女士：

衷心感谢您在百忙之中参与本次调研，您的支持和合作对于我们完成本次研究非常重要，这是一项由百色学院发起的学术研究调查。您可放心地如实填写。这份问卷大约需要 10 分钟来完成。问卷的填写无所谓对错，请您根据实际情况作答即可。

<table>
<tr>
<td>请评价下属的下列表现。对于每个题目，请用 1～5 的类别给该下属的真实表现打上相应的分数：
1＝完全不符合；2＝有点不符合；3＝不确定；4＝比较符合；5＝完全符合。
填写示范：
<table>
<tr><th></th><th>员工姓名1</th><th>员工姓名2</th><th>员工姓名3</th><th>员工姓名4</th></tr>
<tr><td>1. 当公司内部的工作出问题时，敢于指出，不怕得罪人</td><td>4</td><td>4</td><td>4</td><td>3</td></tr>
<tr><td>2. 对公司会造成损失的严重问题，实话实说，即使其他人有不同意见</td><td>4</td><td>4</td><td>4</td><td>3</td></tr>
</table>
</td>
<td>员工姓名1</td>
<td>员工姓名2</td>
<td>员工姓名3</td>
<td>员工姓名4</td>
</tr>
</table>

续表

1. 当公司内部的工作出问题时，敢于指出，不怕得罪人				
2. 对公司会造成损失的严重问题，实话实说，即使其他人有不同意见				
3. 积极向上级反映工作中出现的不协调问题				
4. 对于公司中影响业绩的现象发表意见，不怕使人难堪				
5. 及时劝阻公司内其他员工影响工作效率的不良行为				
6. 提出改善公司运作的建设性意见				
7. 就改善公司工作程序积极地提出建议				
8. 积极地提出会使公司受益的新方案				
9. 就公司中可能出现的问题，提出自己的建议				
10. 提出帮助公司达成目标的合理化建议				

您已经完成了本次的问卷。请您对上述问题进行核实，确保没有漏填后，再交给研究人员。

研究编号：BSUC01。

附录B　员工问卷

【学术研究问卷】

尊敬的先生/女士：

衷心感谢您在百忙之中参与本次调研，您的支持和合作对于我们完成本次研究非常重要，这是一项由百色学院发起的学术研究调查。您可放心地如实填写。

这份问卷大约需要 8 分钟来完成。对以下问卷中的题目，请您仔细阅读。问卷的填写无所谓对错，请您根据实际情况作答即可。您的回答是严格保密的。您填写的材料，只会由研究人员经手，不会外传给任何人，包括您的上司，同事和下属。我们郑重承诺不会披露您的任何个人信息。请您在填写问卷时，仔细阅读每个问题，并客观真实地表达您的感受。

对于您的支持和帮助，我们深表谢意!

第一部分：人口统计信息。

请勾选最符合您情况的选项。

1. 您的年龄：

   □ 25 岁及以下　□ 26 ~ 35 岁　□ 36 ~ 45 岁　□ 45 岁以上

2. 您的性别：

   □ 男　□ 女

3. 您的最高学历：

   □ 初中及以下　□ 高中或中专　□ 大学　□ 研究生

4. 您现在的工作性质：

□ 一线生产　□ 后勤　□ 营销　□ 其他

□ 研究开发（技术、工具、流程、信息系统等）

□ 管理（人事、信息、财务等）

5. 您在目前公司任职时长？

□ 半年以内　□ 半年至 1 年　□ 1 年至 3 年

□ 3 年至 5 年　□ 5 年以上

6. 您与现在的直接上司共事至今时长？

□ 半年以内　□ 半年至 1 年　□ 1 年至 3 年

□ 3 年至 5 年　□ 5 年以上

第二部分：请评价下列内容与您的实际情况相符程度，勾选您认为最接近的选项。请仔细阅读每一个句子，并在右边相应的数字上画圈作答，不要漏答。		完全不符合	有点不符合	不确定	比较符合	完全符合
1	我的工作，需要使用多种复杂的技能	1	2	3	4	5
2	我有使用多种不同技能的机会，去完成多种不同的工作任务	1	2	3	4	5
3	我的工作非常简单，具有重复性	1	2	3	4	5
4	我有机会彻底完成一项由我开始做的工作	1	2	3	4	5
5	我的工作是一项完整的、能够识别的工作	1	2	3	4	5
6	现在的工作安排，使我可以从头到尾完成一项完整的工作	1	2	3	4	5
7	我的工作好坏，对公司的生存具有重要影响	1	2	3	4	5
8	我的工作能在多方面对别人的生活产生重要影响	1	2	3	4	5
9	我工作完成的好坏，能够对许多同事的工作产生影响	1	2	3	4	5
10	我可以自主决定如何完成我的工作	1	2	3	4	5
11	我的工作如何开展，可以由我全权决定	1	2	3	4	5
12	我在工作中，可以自己决定怎么去做	1	2	3	4	5
13	在完成一项工作后，我能够知道自己干得够不够好	1	2	3	4	5
14	在完成工作的过程中，有许多机会让我知道自己工作表现得怎么样	1	2	3	4	5

续表

第二部分：请评价下列内容与您的实际情况相符程度，勾选您认为最接近的选项。请仔细阅读每一个句子，并在右边相应的数字上画圈作答，不要漏答。		完全不符合	有点不符合	不确定	比较符合	完全符合
15	在工作任务中，可以随时让我了解工作进展的情况	1	2	3	4	5
16	如果我尽力去做的话，我总是能够解决难题的	1	2	3	4	5
17	即使别人反对我，我仍有办法取得我所要的	1	2	3	4	5
18	对我来说，坚持理想和达成目标轻而易举	1	2	3	4	5
19	我自信能有效地应付任何突如其来的事情	1	2	3	4	5
20	以我的才智，我定能应付意料之外的情况	1	2	3	4	5
21	如果我付出必要的努力，我一定能解决大多数的难题	1	2	3	4	5
22	我能冷静面对困难，因为我相信自己处理问题的能力	1	2	3	4	5
23	面对一个难题时，我通常能找到几个解决方法	1	2	3	4	5
24	有麻烦的时候，我通常能想到一些应付的方法	1	2	3	4	5
25	无论什么事情发生在我身上，我都能够应付自如	1	2	3	4	5
26	工作时，我感到自己精力充沛	1	2	3	4	5
27	工作上，我感觉自己是强有力的	1	2	3	4	5
28	我很热爱我的工作	1	2	3	4	5
29	我的工作能够激励我	1	2	3	4	5
30	早上起床后，我很乐意去上班	1	2	3	4	5
31	当我专心工作时，我感到很快乐	1	2	3	4	5
32	我为我所做的工作感到自豪	1	2	3	4	5
33	我沉浸在我的工作中	1	2	3	4	5
34	当我工作的时候，会达到忘我的境界	1	2	3	4	5
35	这家公司会考虑我的意见	1	2	3	4	5
36	这家公司确实顾及我的福利	1	2	3	4	5
37	这家公司会考虑我个人的目标和价值观	1	2	3	4	5
38	当我有困难时，公司会帮助我	1	2	3	4	5
39	如果我因好心而做错事，公司会原谅我	1	2	3	4	5
40	如果有机会，公司就千方百计利用我	1	2	3	4	5

续表

第二部分：请评价下列内容与您的实际情况相符程度，勾选您认为最接近的选项。请仔细阅读每一个句子，并在右边相应的数字上画圈作答，不要漏答。		完全不符合	有点不符合	不确定	比较符合	完全符合
41	公司对我十分关怀	1	2	3	4	5
42	如果我有特别的需要，公司会给予帮助	1	2	3	4	5

您已经完成了本次的问卷。请您对上述问题进行核实，确保没有漏填后，再交给研究人员。

研究编号：BSUC0101。